Christoph Schindler

Die drei apokalyptischen Wehe

Welche Begebenheiten liegen schon hinter uns,
was geschieht zum gegenwärtigen Zeitpunkt
und wann werden die noch zukünftigen Ereignisse
zu einem Abschluss kommen?

Christoph Schindler

Die drei apokalyptischen Wehe

Die drei apokalyptischen Wehe
1. Auflage 2008
ISBN 978-3-9811761-5-5

Postfach 10 11 31 • 47711 Krefeld
www.Jenseits-des-Irdischen.de

Umschlaggestaltung: Autor, nach einer Vorlage des Bildes
„Der Sturm auf dem See Genezareth", Rembrandt,
Isabella Stewart Gardner Museum, Boston, USA.
- Original 1995 aus dem Museum entwendet -

Inhalt

Vorwort des Verfassers

Dieses Buch verlangt nach einem Vorwort, da es aus einer Vielzahl von Bausteinen über einen Zeitraum von nunmehr fast einem halben Jahrhundert emporgewachsen ist.

Man schrieb das Jahr 1960, als der Autor den Heilmagnetopath und Heilpraktiker Carl Adolf Dannfald, geboren in Darmstadt am 22. Juni 1905, in Nieder-Ramstadt bei Darmstadt, kennenlernte. Unvergessen ist bis auf den heutigen Tag die starke Ausstrahlungskraft von Dannfald, durch die alles von ihm Gesagte eine große Bedeutung erlangte. Mit besonderer Rührung wird vermerkt, welch starke Zuwendung jeder empfing, der sich ihm anvertraute. Scheute er doch keine Mühe, wenn es galt, interessierten Patienten seine esoterischen Bibelkenntnisse nahezubringen. So erhielt auch der Verfasser bei einem längeren Aufenthalt in Nieder-Ramstadt eine beeindruckende Schau über den ersten Teil des neunten Kapitels der Offenbarung des Johannes.

Diese Auslegung war in der damaligen Zeit so außergewöhnlich, dass der Autor auch nach dem Tode von Dannfald, am 18. Juli 1977, sich mit dem Gedanken zunächst nicht anfreunden konnte, diese Dannfaldsche Schau der Öffentlichkeit vorzulegen.

Im Jahre 1962 erhielt der Verfasser anlässlich eines weiteren Besuches in Nieder-Ramstadt den zweiten Teil des neunten Kapitels aus der Apokalypse erklärt.

Nachdem die technischen, kulturellen und sozialen Entwicklungen in den letzten Jahrzehnten darauf hinausliefen, dass in nächster Zeit die Völker in eine große kriegerische Auseinandersetzung gedrängt werden, sah sich der Autor veranlasst, im Jahre 1988 die Auslegung des ersten Teiles des neunten Kapitels der Offenbarung in einem Privatdruck zu veröffentlichen.

Erwartungsgemäß war das Interesse an dieser Ausarbeitung sehr gering. Es muss aber positiv vermerkt werden, dass dieser Umstand Anlass zu einer regen Forschungsarbeit gab, die sich zum Thema stellte, Anknüpfungspunkte zu der Dannfaldschen

Exegese in den ältesten Schriften überhaupt, dem sogenannten altjüdischen Schrifttum, sowie in den Neuoffenbarungsschriften aus Amerika zu suchen. Es folgten weitere Privatdrucke aus den Jahren 1989 und 1990.

Die Dannfaldsche Schau des zweiten Teiles des neunten Kapitels der Offenbarung, die sich mit dem dritten und letzten Weltkrieg beschäftigt, wurde erst im Jahre 2004 in dem Taschenbuch-Magazin „Jenseits des Irdischen", Ausgaben 4, 5 und 6 (Esoterik Kirvel, Krefeld) veröffentlicht.

Letztlich folgte im Jahre 2005 in der Ausgabe Nr. 6 des genannten Taschenbuch-Magazins eine Gesamtschau unserer Offenbarungszeit, die ihr Ende mit dem Eintritt in ein neues Zeitalter findet.

Diejenigen Leser und Leserinnen, die die Exegese des neunten Kapitels der Apokalypse durch Carl Adolf Dannfald annehmen können, halten den Schlüssel zur Entsiegelung aller weiteren Ereignisse der drei apokalyptischen Wehe in der Hand.

Ohne diesen Entsiegelungsschlüssel besitzen wir in der Apokalypse nur unzusammenhängende Fragmente, die auch im Nachhinein kein Gesamtbild ergeben.

So aber gelingt es, allen Menschen die zunehmende Angst vor einer ungewissen Zukunft durch einen Blick auf den historischen Bezugspunkt der Apokalypse vermindern zu helfen. Die Persönlichkeiten, die das Gedankengut von Dannfald annehmen können, gelangen zu mehr Selbstvertrauen und Gefasstheit, da sie sich selbst in das Weltgeschehen bewusster einordnen können und Verbindung erhalten zu Richtung und Ziel ihrer Existenz.

Darüber hinaus werden wir in Zukunft nicht umhin kommen, unser eigenes Schicksal immer mehr in Verbindung mit demjenigen des jüdischen Volkes zu bringen.

Denn es darf künftig nicht mehr übersehen werden, dass das jüdische Volk nach wie vor das auserwählte Volk Gottes ist und keinesfalls – wie es noch weithin Martin Luther dargestellt hat – durch die Kreuzigung des Gottessohnes für alle Zeiten abgetan und erledigt ist.

Kapitel 1:

Das erste Wehe

- oder der zweite Weltkrieg und die Zeit des Nationalsozialismus einschließlich der Verfolgung und Vernichtung des jüdischen Volkes -

„Und das sollt ihr vor allem wissen, dass keine Weissagung in der Schrift eine Sache eigener Auslegung ist. Denn es ist noch nie eine Weissagung aus menschlichem Willen hervorgebracht worden, sondern vom heiligen Geist getrieben, haben Menschen im Namen Gottes geredet“ (Zweiter Brief d. Petrus 1, 20-21).

Es war recht feierlich, als Dannfald, stehend – er war von kleinerer Statur –, in seinem Behandlungszimmer in Gegenwart einer Familie aus England und dem Verfasser aus einer sehr prachtvollen und großen Bibel das neunte Kapitel Vers 1–12 der Offenbarung, jedes Wort einzeln betonend und heraushebend, im folgenden Wortlaut rezitierte:

„Und der fünfte Engel posaunte; und ich sah einen Stern, gefallen vom Himmel auf die Erde; und ihm ward der Schlüssel zum Brunnen des Abgrundes gegeben. Und er tat den Brunnen des Abgrunds auf, und es ging auf ein Rauch aus dem Brunnen wie der Rauch eines großen Ofens, und es ward verfinstert die Sonne und die Luft von dem Rauch des Brunnens. Und aus dem Rauch kamen Heuschrecken auf die Erde, und ihnen ward Macht gegeben, wie die Skorpione auf Erden Macht haben. Und es ward ihnen gesagt, dass sie nicht sollten Schaden tun dem Gras auf Erden noch allem Grünen noch einem Baum, sondern allein den Menschen, die nicht haben das Siegel Gottes an ihren Stirnen. Und es war ihnen gegeben, dass sie die Menschen nicht töteten, sondern sie quälten fünf Monate lang; und ihre Qual war wie eine Qual vom Skorpion, wenn er einen Menschen sticht.

Und in jenen Tagen werden die Menschen den Tod suchen und nicht finden, werden begehren zu sterben, und der Tod wird von ihnen fliehen. Und die Heuschrecken sind gleich den Rossen, die zum Kriege gerüstet sind und auf ihrem Haupt ist's wie Kronen, dem Golde gleich und ihr Antlitz gleich der Menschen Antlitz; und hatten Haare wie Weiberhaare und ihre Zähne waren wie die der Löwen und hatten Panzer wie eiserne Panzer und das Rasseln ihrer Flügel war wie das Rasseln der Wagen vieler Rosse, die in den Krieg laufen und hatten Schwänze gleich den Skorpionen und Stacheln; und in ihren Schwänzen war ihre Macht, Schaden zu tun den Menschen fünf Monate lang, und hatten über sich einen König, den Engel des Abgrunds, des Name heißt auf hebräisch Abaddon, und auf griechisch hat er den Namen Apollyon. Das erste Wehe ist dahin; siehe, nach ihm kommen noch zwei Wehe."

Sie müssen wissen, so etwa begann Dannfald, dass wir mit diesem Kapitel erstmalig geschichtlichen Boden unter die Füße bekommen. In allen vorausgehenden und nachfolgenden Kapiteln der Apokalypse sind zwar Anklänge an geschichtliche Entwicklungen - so beispielsweise in den Sendschreiben an die sieben Urgemeinden in Kleinasien - feststellbar, aber nirgends wird auf tatsächliche Ereignisse der Vergangenheit hingewiesen.

Man wäre versucht zu fragen, ob die Ereignisse der Vergangenheit, seitdem die Offenbarung dem Lieblingsjünger Jesu auf der Insel Patmos gegeben wurde, in bezug auf das, was in ihr über die Menschheitsentwicklung enthalten ist, so ohne Belang wäre, dass sich darüber nichts in der Offenbarung finden ließe. Gewisse historische Entwicklungen, die sich über mehrere Jahrhunderte hinweg erstrecken, lassen sich auch in der Apokalypse erkennen, aber darüber wollen wir ein andermal sprechen.

Hier geht es jetzt darum, zu zeigen, dass die Ereignisse der nationalsozialistischen Zeit einzigartig im geschichtlichen Ablauf dastehen, schon deshalb, weil in ihr die Ausrottung des jüdischen Volkes zum Programm erhoben wurde. An dieser Stelle drängt sich die bange Frage vieler Menschen geradezu auf: Wenn die Offenbarung tatsächlich die Menschheitsentwicklung der letzten zwei Jahrtausende im Auge behält, müssen dann nicht konkrete Anhaltspunkte zu derartig einzigartig herausragenden Geschehnissen in ihr zu finden sein? So ist es in der Tat. Das neunte Kapitel, das ich Ihnen im vollen Wortlaut in seiner ersten Hälfte vorgetragen habe, handelt ausschließlich nur von der nationalsozialistischen Zeit und ihrer Leitfigur Adolf Hitler. Wenn Sie das annehmen wollen, dann haben Sie in der Offenbarung jenen ersten festen historischen Punkt, nach dem die Menschen schon seit mehr als tausend Jahren vergeblich suchen.

Zur Verdeutlichung lassen Sie mich jeden einzelnen Satz des ersten Teiles des neunten Kapitels nochmals deutlich vor Sie hinstellen.

Von Adolf Hitler wird hier gesprochen als von einem Stern, der vom Himmel auf die Erde gefallen ist, also nicht allmählich in eine vorhandene geschichtliche Entwicklung eintauchte, sondern plötzlich als einmaliges Ereignis in eine gegebene politische Konzeption hereinbrach. Von ihm wird gesagt, dass ihm der Schlüssel zum Brunnen des Abgrundes gegeben ist.

„Und er tat den Brunnen des Abgrunds auf, und es ging auf ein Rauch eines großen Ofens, und es ward verfinstert die Sonne und die Luft von dem Rauch des Brunnens."

Damit Sie erkennen, was mit diesem Rauch gemeint ist, der die Sonne und die Luft verfinstert, lassen Sie mich das Hitlersche Gedankengut, das in kürzester Zeit nach der Machtübernahme 1933 wie durch eine perfekte Maschine in die Tat umgesetzt wurde und so zur qualvollen Zerstörung von Millionen menschlicher Persönlichkeiten führte, von ihm selbst formuliert vortragen:

„Der Stärkere hat zu herrschen und sich nicht mit dem Schwächeren zu verschmelzen, um so die eigene Größe zu opfern. Nur der geborene Schwächling kann dies als grausam empfinden, dafür aber ist er auch nur ein schwacher und beschränkter Mensch, denn würde dieses

Gesetz nicht herrschen, wäre ja jede vorstellbare Höherentwicklung aller organischen Lebewesen undenkbar. Wäre der Vorgang ein anderer, würde jede Weiter- und Höherbildung aufhören und eher das Gegenteil eintreten. Denn da das Minderwertige der Zahl nach gegenüber dem Besten immer überwiegt, würde bei gleicher Lebenserhaltung und Fortpflanzungsmöglichkeit das Schlechtere sich so viel schneller vermehren, dass endlich das Beste zwangsläufig in den Hintergrund treten müsste. Eine Korrektur zugunsten des Besseren muss also vorgenommen werden. Diese aber besorgt die Natur, indem sie den schwächeren Teil so schweren Lebensbedingungen unterwirft, dass schon durch sie die Zahl beschränkt wird, den Überrest aber endlich nicht wahllos zur Vermehrung zulässt, sondern hier eine neue rücksichtslose Auswahl nach Kraft und Gesundheit trifft.

So wenig sie aber schon eine Paarung von schwächeren Einzelwesen mit stärkeren wünscht, soviel weniger noch die Verschmelzung von höherer Rasse mit niederer, da ja anderenfalls ihre ganze sonstige vielleicht jahrhunderttausendelange Arbeit der Höherzüchtung mit einem Schlage wieder hinfällig wäre."

(Aus Adolf Hitler, „Mein Kampf", Seite 312, Eher Verlag, München 1933)

Der Rauch aus dem Abgrund scheint doch offensichtlich darin zu bestehen, dass das uneingeschränkte Herrscherprinzip, das für den „Stärkeren" gegenüber dem „Schwächeren" gefordert wird und später zur Staatsideologie erhoben wird, dem Lebensprinzip des Neuen Testaments voll widerspricht. Das Lebensprinzip spricht Jesus so aus:

„Ihr wisset, dass die weltlichen Fürsten ihre Völker niederhalten, und ihre Mächtigen tun ihnen Gewalt. Aber so soll es nicht sein unter euch, sondern wer groß sein will unter euch, der sei euer Diener und wer unter euch will der Erste sein, der sei aller Knecht." (Markus 10, 42-44)

Demgegenüber muss das uneingeschränkte Herrscherprinzip wie Rauch wirken, der aus dem Abgrund kommt und die Sonne und die Luft verfinstert. Aber hören wir weiter:

„Und aus dem Rauch kamen Heuschrecken auf die Erde, und ihnen ward Macht gegeben, wie die Skorpione auf Erden Macht haben."

Diese Ideologie vom Herrenmenschen begeisterte viele. Mit dem großen Zulauf und dem damit verbundenen Wachstum der NSDAP kamen die verschiedensten Organisationsformen der Partei auf - angefangen von der Deutschen Arbeitsfront (DAF), über die Jugendverbände, die Frauenverbände, die SS, die SA bis hin zum Blockwart und der Gestapo –, die nach der Machtübernahme allen Bereichen der öffentlichen Verwaltung zur Seite gestellt wurden und diese in ihrem Sinne beeinflussten, kontrollierten und ihnen Befehle erteilten.

Der Vergleich mit den Skorpionen soll verdeutlichen, dass die Macht der Organisationsformen eine rein äußerliche Macht darstellte, die sich nur auf rücksichtslosester Gewaltanwendung gründete.

„Und es ward ihnen gesagt, dass sie nicht sollten Schaden tun dem Gras auf Erden noch allem Grünen noch einem Baum, sondern allein den Menschen, die nicht haben das Siegel Gottes an ihren Stirnen."

Was ist aber nun gemeint mit dem Gras, dem Grünen sowie den Bäumen?

In diesem Zusammenhang wies Dannfald auf das Buch von Max Däbritz „Die Entsiegelung der Offenbarung Johannes", Eigenverlag Däbritz, Freital- Zauckerode, 1933, hin. Es war Däbritz allerdings nicht geschenkt worden, die nationalsozialistische Zeit und den äußerst merkwürdigen Schicksalsgang des jüdischen Volkes im neunten Kapitel der Offenbarung zu erkennen. Stattdessen bezog er die Ereignisse auf das Geschehen des ersten Weltkrieges.

Daher verwundert es schon außerordentlich, dass seine Deutungen von Off. 9.4 sowie von Off. 9.7 - 9.10 dennoch voll zutreffend sind. So führt Däbritz auf Seite 137 - 138 seines genannten Buches aus, *„dass es sich in der Offenbarung durchgängig um Symbolik handelt, denn gerade das, wovon die Heuschrecken leben, das ist ihnen verboten. Baum ist das Symbol des Mittelstandes, Gras ist das Symbol des Arbeiter- und Angestelltenstandes, Grünes ist das Symbol der Kinder. Also diesen werden sie kein Leid tun, sie nicht beschädigen."*

Welche Menschen sind nun gemeint, die – gemäß Off. 9.4 zweiter Teil – nicht haben das Siegel Gottes an ihren Stirnen?

Mit starker Überzeugungskraft stellte Dannfald heraus, dass das jüdische Volk im Gegensatz zu allen Christen das Tauf- und Kreuzeszeichen an der Stirne nicht kennt. Es gibt also bei einem Menschen, der der jüdischen Glaubensgemeinschaft zugehörig ist, kein Siegel Gottes, das durch eine sakrale Handlung (Taufe) dem Menschen auf die Stirne gegeben wurde.

„Und es ward ihnen gegeben, dass sie die Menschen nicht töteten, sondern sie quälten fünf Monate lang; und ihre Qual war wie eine Qual vom Skorpion, wenn er einen Menschen sticht."

An dieser Stelle erläuterte Dannfald die Zeitdauer eines Offenbarungsjahres. An anderer Stelle (siehe Kapitel 4) wird die Herleitung der Zeitdauer eines Offenbarungsjahres dargestellt. Wichtig ist in diesem Zusammenhang nur, das 18 Kalenderjahre kongruent sind mit einem Offenbarungsjahr. **Die fünf Monate Zeitdauer entsprechen somit siebeneinhalb Kalenderjahren**.

Von vielen namhaften Geschichtswissenschaftlern wird zugegeben, dass das Jahr 1942 in der Judenvernichtung eine bestimmte Zäsur darstellt. Wurden Bürger jüdischer Abstammung bis zu diesem Zeitpunkt in der Hauptsache „nur" interniert, also gequält, so setzte ab diesem Zeitpunkt bis zum Ende des Krieges eine systematische Massenvernichtung ein. Von der deutlichen Diskriminierung der jüdischen Bevölkerung, der Entziehung ihres Existenzrechtes auf Grund der Nürnberger Gesetze und der damit verbundenen einheitlichen staatlichen Gesamtverfolgung seit Anfang 1935 bis zur Mitte des Jahres 1942 beträgt der Zeitablauf siebeneinhalb Jahre. Zur Verdeutlichung des Elendes, das die jüdische Bevölkerung in Deutschland und in den durch den Krieg eroberten Gebieten erlitten hat, wird in der Apokalypse noch besonders eindringlich hingewiesen, wenn geschrieben steht: *„Und in jenen Tagen werden die Menschen den Tod suchen und nicht finden, werden begehren zu sterben, und der Tod wird von ihnen fliehen."*

Merkwürdig ist, dass kein entsprechender Hinweis auf die seit 1942 stattfindende Massenvernichtung, die aber auch im Zusammenhang mit dem Kriegsgeschehen und dem Kriegsverlauf gesehen werden muss, der Offenbarung entnommen werden kann. Denn auch ein direkter Hinweis auf das Kriegsgeschehen und auf das damit verbundene vielmillionenfache Leid, bis hin zur Vertreibung bzw. Diskriminierung der Urbevölkerung in den Vertreibungsgebieten, fehlt jeglicher Hinweis.

Offensichtlich geht es in dem ersten Teil des neunten Kapitels ausschließlich um das schwere Schicksal des jüdischen Volkes, welches nach wie vor das auserwählte heilige Volk Gottes ist.

„Und die Heuschrecken sind gleich den Rossen, die zum Kriege gerüstet sind, und auf ihrem Haupt ist's wie Kronen, dem Golde gleich, und ihr Antlitz gleich der Menschen Antlitz und hatten Haare wie Weiberhaare."

Zur Verdeutlichung werden nochmals die Organisationsformen des nationalsozialistischen Deutschlands charakterisiert.

Wenn sie verglichen werden mit Rossen, die zum Kriege gerüstet sind, so wird auf ihren militanten Charakter aufmerksam gemacht, und mit dem Hinweis *„auf ihrem Haupt ist's wie Kronen"* soll damit ihre angemaßte Würde charakterisiert werden. So schreibt Däbritz auf Seite 141 und 142 seines oben genannten Buches:

„ ‚Dem Golde gleich' = sie täuschen damit etwas Gutes, Edles vor, was gleichzeitig noch angezeigt wird durch die nachfolgenden Worte: ‚und ihr Antlitz gleich der Menschen Antlitz' = also sie geben vor, für Freiheit und Recht im Alltagsleben der Völker zu kämpfen. ‚Und hatten Haare wie Weiberhaare' = das bedeutet, sie verstellten sich.

‚Und ihre Zähne waren wie die der Löwen' = das heißt, sie hatten Raubtiernatur. ‚Und hatten Panzer (Brustharnische) wie eiserne Panzer' = das bedeutet, sie waren geschützt, gedeckt, sie kämpften weltlich gesetzmäßig durch die Macht, die sie führte. ‚Und das Rasseln ihrer Flügel war wie das Rasseln der Wagen vieler Rosse, die in den

Krieg laufen' = Sie verfochten also mit viel Lärm und Geschrei ihre Weltanschauungsideen, doch sie hatten nur Heuschreckenflügel, die ein großes Rasseln verursachten, dennoch waren sie bereit, für ihre Ideen in Kampf und Krieg zu laufen. ‚Und hatten Schwänze gleich den Skorpionen' = ihre Menschheitsideen waren also nicht edel und rein, sondern giftig und schädlich für die Menschen, symbolisiert durch den Schwanz als Sinnbild der Verleumdung auch der giftigen Gefolgschaft."

Und *„die Stacheln an ihren Schwänzen"* weisen darauf hin, dass nicht nur das jüdische Volk durch sie gequält, unterdrückt und vernichtet werden sollte, sondern alle, die nicht zur Herrschaftselite gehörten. Am Schluss des ersten Teiles des neunten Kapitels wird nochmals wiederholt, dass *„in ihren Schwänzen ihre Macht war, den Menschen Schaden zu tun fünf Monate lang"*.

Es kommt dem Seher offensichtlich darauf an, nochmals die Bedeutung des Gesichtes in den Zusammenhang mit dem schweren künftigen Leidensschicksal seines Volkes zu stellen, wobei mit Schwänzen die militanten und militärisch ausgerüsteten Gefolgschaften wie SS, SA, Gestapo und das Militär letztlich selbst unmissverständlich gemeint sein müssen.

„Und hatten über sich einen König, den Engel des Abgrunds, des Name heißt auf hebräisch Abaddon, und auf griechisch hat er den Namen Apollyon."

Hier wird Hitler bei seinem wirklichen Namen in der geistigen Welt genannt.

Abaddon bedeutet soviel wie König der dämonischen Mächte, aber auch Land- und Leuteverderber. Sehr vielsagend ist, dass er als Engel des Abgrundes in der Apokalypse bezeichnet wird. Angemerkt soll deshalb werden, dass man auf dieser Tatsache aufbauend, zu einem neuen umfassenderen Engelverständnis kommen könnte.

An dieser Stelle, die diese erklärten Geschehnisse als erstes Wehe bezeichnet, wurden die Ausführungen von Dannfald beendet. Erst im Jahr 1962 wurde dem Autor auch der zweite Teil des neunten Kapitels erklärt und verständlich gemacht.

Kapitel 2:

Auf der Suche nach einer Verbindung zwischen der Dannfaldschen Exegese und dem altjüdischen Schrifttum

Um zu zeigen, wie die Auslegungen von Dannfald an die Prophetien des altjüdischen Schrifttums anknüpfen und diese durch detaillierte Ausführlichkeit weiter vertiefen, ist es zunächst notwendig, das Einzigartige in der Auslegung des 9. Kapitels der Apokalypse in einfache und klare Aussagen zu fassen.

Dabei ist folgendes festzuhalten:

Dannfald behauptet, dass die versiegelte, neutestamentarische Schrift, die Offenbarung des Johannes, sich unter anderem auch mit dem in der jüngsten Vergangenheit äußerst tragischen Schicksalsgang des jüdischen Volkes beschäftigt. Dies muss jeden Leser zunächst sehr verwundern, denn das Neue Testament ist durch das Leiden, Sterben und die Auferstehung des Messias die Glaubensgrundlage aller Heidenchristen geworden. Als Christ ist es nahliegend zu fragen: Wenn das Neue Testament die Glaubensgrundlage der christlichen Welt ist und das überkommene Erbe von den Juden auf die Heidenchristen übergegangen ist, wie dies die kirchliche Überlieferung darstellt, was hat dann der Schicksalsgang des jüdischen Volkes in einer Offenbarungsschrift des Neuen Testaments zu suchen?

Sollte diese Tatsache, dass das tragische Fatum des jüdischen Volkes im Neuen Testament, in der Offenbarung des Johannes, zu finden ist, zutreffen, liegen dann nicht notwendigerweise berichtigungsbedürftige Widersprüche vor?

Andererseits müsste ein Jude äußerst verwundert feststellen, dass der jüdische Gott und damit unser aller Gott, sein prophetisches Wirken mit der Zeitenwende keineswegs eingestellt hat, sondern sich über die Prophetien des Neuen Testaments weiterhin von seinem auserwählten Volk suchen und sicherlich auch irgendwann so finden lassen wird, dass ihm die Augen über das Vergangene geöffnet werden.

Sollte durch die Dannfaldschen Auslegungen tatsächlich die Apokalypse an einer entscheidenden Stelle entsiegelt worden sein, so würde das auch bedeuten, dass das Neue Testament nicht nur die Glaubensgrundlage aller Christen ist, sondern darüber hinaus gleichermaßen auch das Schicksalsbuch des jüdischen Volkes darstellt. Denn gerade durch die Offenbarung des Johannes wird dem jüdischen Volk in wunderbarer Weise gezeigt, welchen äußerst merkwürdigen Weg Gott mit seinem auserwählten Volk bisher gegangen ist und noch gehen wird.

Diese erste Aussage ist das Überraschendste und Revolutionärste der Dannfaldschen Auslegung. Denn selbst wenn Dannfald behauptet, der erste Teil des neunten Kapitels handele in der Hauptsache von Adolf Hitler, der Leitfigur des Nationalsozialismus sowie dem Leiden des jüdischen Volkes während dieser Zeit, so tritt diese sensationelle zweite Aussage sogar gegenüber der ersten noch an Bedeutung zurück.

Es ist deshalb naheliegend und geradezu zwingend, im altjüdischen Schrifttum nach Prophetien zu suchen, die über das Ereignis des Auftretens des Messias und der Zerstörung des jüdischen Staates im Jahre 70 nach Christus hinausreichen. Daneben wird selbstverständlich auch darüber zu berichten sein, wenn das altjüdische Schrifttum Aussagen über künftige Leiden des auserwählten Volkes in der Zeit nach der endgültigen Zerstörung des Tempels und der Austreibung aus dem gelobten Lande enthält.

Die gestellte Arbeitsaufgabe soll so bewältigt werden, dass an Hand des altjüdischen Schrifttums gezeigt werden soll, ob es in ihm tatsächlich wenig auslegungsbedürftige Ausführungen gibt, die es wahrscheinlich und naheliegend erscheinen lassen, dass der allmächtige Schöpfer mittels seines Sohnes, Jesus Christus, sich durch die Prophezeiungen des Schicksalsganges seines auserwählten Volkes auch im Neuen Testament mit ihm über alle Zeiten hinweg verbunden hat.

Das altjüdische Schrifttum

Dem Verfasser liegt zur Bearbeitung die im Filser Verlag in Augsburg 1928 erschienene Ausgabe von Paul Rießler vor. Inzwischen hat diese eine gänzlich unveränderte Neuauflage durch den Herder Verlag in Freiburg i. Brsg. im Jahre 1988 erfahren. Paul Rießler hat in seinem 1342 Seiten umfassenden Buch alle außerkanonischen Schriften des Alten Testamentes, mit Ausnahme der Schriften des Flavius Josephus, des Philo von Alexandrien und der Sprüche des Rabbi Eliezer zusammengestellt.

Die wichtigsten Schriften seiner Sammlung sind folgende:

Die Apokalypse des Abraham, die Baruchapokalypse, das Buch des Elias, die Bücher Esra 3 – 6, das Henochbuch, die Himmelfahrt des Jesaja, die Himmelfahrt des Moses, das Jubiläenbuch, das Buch Philo, die Psalmen Salomons, der Nachtrag zum Propheten Jeremias oder der Rest der Worte Baruchs, die Schatzhöhle, die Sibyllinischen Orakel, die Sprüche der Väter, das Testament des Adam, das Testament des Isaak und das Testament der zwölf Patriarchen.

Daneben enthält die Sammlung von Paul Rießler eine Reihe von interessanten Geschichtsbüchern, von denen hier nur das Buch „Joseph und Asenath" und das dritte und vierte Buch der Makkabäer sowie der Brief des Aristeas erwähnt seien.

I. Die Apokalypse des Abraham

Diese Schrift besteht aus zwei Teilen. Der erste Teil berichtet über den Kampf, den Abraham gegen den Götzenkult seines Vaters führt. Am Ende dieser Auseinandersetzung offenbart sich ihm Gott in einem Feuerwolkenbruch und fordert ihn auf, sein Vaterhaus sofort zu verlassen, damit er nicht zusammen mit den Seinen den Tod erleiden müsse. Unmittelbar nach dieser Aufforderung wird sein Elternhaus mit allem, was in ihm ist, durch Feuer, das vom Himmel fällt, bis auf den Grund zerstört.

Im zweiten Teil, dem apokalyptischen Teil, wird Abraham aufgefordert, Gott ein reines Opfer auf dem Berg Horeb darzubringen. Es wird ihm verheißen, dass Gott ihm durch eine visionäre Schau die Weltenalter in diesem Opfer vorlegen werde. Es erscheint ihm ein großes Bild von zahlreichen Menschenscharen, das in eine rechte und eine linke Bildhälfte geschieden ist.

Die linke Bildhälfte enthüllt die Menschenscharen, die nicht zum auserwählten Volk gehören.

Auf der rechten Seite steht das Volk, das Gott sich ausgesondert hat aus den Völkern, die Satan gehören. Die sind's, die Gott bestimmt hat, aus Abraham geboren zu werden und die den Namen des Gottesvolkes tragen. Abraham sieht nun die Auseinandersetzungen zwischen seinem Volk und den Heidenvölkern und ist entsetzt, dass Gott es zulässt, wie sein Volk von den Heidenhorden ausgeplündert, getötet und in die Sklaverei geführt, das Heiligtum verbrannt wird und die heiligen Gefäße geraubt werden. Abraham kann diese Bilder nicht mehr ertragen und bittet Gott, ihm doch lieber die Werke der Gerechtigkeit derer zu zeigen, die das tun, was Gott gebietet. Daraufhin schaute Abraham einen Mann, der aus der linken Bildhälfte, also *„von der Heiden linken Seite kam, und Männer, Frauen, Kinder, sie gingen von der Heiden Seite aus, gar viele Scharen, die Ihn anbeteten.*

Wie Abraham noch schaute, da kamen von der rechten Seite des Bildes (also von der jüdischen Seite) *viele, und einige von ihnen schmähten jenen Mann, und andere schlugen ihn; doch andere beteten ihn an. Da lief auch Satan heran und betete ihn an und küsste ihm das Angesicht, dann drehte er sich um und stellte hinter ihm sich auf“* (29. Kapitel, Vers 4 – 6).

Auf die Frage von Abraham, wer dieser geschmähte und geschlagene Mann, der von den Heiden und von Satan gleichermaßen angebetet wird, sei, wird ihm geantwortet:

„Hör, Abraham!

Der Mann, den du geschlagen und geschmäht, erblicktest und wieder angebetet, das ist die Milderung, die deinem Stammvolk von den Heiden in jenen letzten Tagen zugestanden wird, in dieser zwölften Stunde des gottlosen Weltzeitalters. Doch in dem zwölften Jahre meines Endzeitalters, da stell ich diesen Mann aus deinem Stamme auf, den du aus meinem Volk entspringen sahest. Ihm folgen alle und solche werden sich vereinen, wie von mir selbst gerufen, gerade die, die sich in ihren Plänen ändern.

Du sahest, dass von des Bildes linker Seite viele ausgehen, sie deuten an, dass von den Heiden viele auf ihn hoffen, und die du sahst von deinem Stamme auf der rechten Seite, die einen schlagend und beschimpfend, die anderen ihn anbetend, bedeuten: Es werden sich an ihm viel ärgern. Er aber prüft aus deinem Stamm die, die ihn angebetet in jener zwölften Stunde des Endes, um der Gottlosigkeit Zeitalter abzukürzen. Bevor der Frömmigkeit Zeitalter mit dem Wachstume beginnt, ***kommt über die gesetzlosen Heiden mein Gericht durch deines Stammes Volk, das ich mir ausgesondert“*** (29. Kapitel, Vers 8 - 14).

Das Dargestellte spricht eine so eindeutige, klare und nicht auslegungsbedürftige Sprache, so dass das Geschriebene am besten allein für sich selber spricht.

Denn jeder, der guten Willens ist, muss erkennen, dass hier von Jesus Christus die Rede ist, der sich am Ende der Zeiten seinem Volke, dem jüdischen Volke, offenbaren wird und will. Eine Auslegung ist nicht vonnöten. Wir sind überrascht, dass uns bereits in der ersten Schrift des altjüdischen Schrifttums, der Apokalypse des Abraham, ein so eindrucksvoller Beweis für unsere Arbeitshypothese geschenkt wurde. Diese lautete:

Gibt es im altjüdischen Schrifttum so deutliche prophetische Darstellungen, dass es wahrscheinlich und naheliegend erscheinen muss, dass sich auch im Neuen Testament Schilderungen finden lassen, aus denen hervorgeht, dass Gott sich weiterhin vorrangig mit dem Schicksalsgang seines auserwählten Volkes, dem Volke der Juden, beschäftigt, um sich

so am Ende der Zeiten durch Jesus Christus verstärkt finden zu lassen, zu einer Zeit, da die Heidenchristen ihr verinnerlichtes Christentum in Mehrheit abgelegt haben werden?
(Vergleiche hierzu auch Neues Testament, Römer 11, Vers 25 - 31).

II. Das Henochbuch

Dies ist die einzige Schrift aus dem altjüdischen Schrifttum, die im Neuen Testament im Brief des Judas Erwähnung findet (Judas 14 - 17).

Sie ist in 5 Bücher eingeteilt. Dies sind im einzelnen:

Das Engelbuch, das Messiasbuch, das astronomische Buch, das Geschichtsbuch sowie das Erbauungsbuch.

Für die Bearbeitung der gestellten Aufgabe soll das Geschichtsbuch einer näheren Betrachtung unterzogen werden. Denn dieses enthält den Werdegang der Menschheit, beginnend mit Adam, dem ersten Menschen, und endet mit der Schaffung des Tausendjährigen Reiches, wobei die Geschichtsentwicklung ständig den Schicksalsgang des jüdischen Volkes im Auge behält.

Die geschichtlichen Persönlichkeiten werden als eindrucksvolle Tiergestalten dargestellt. So erscheint dieses Geschichtsbuch auf den ersten Blick zwar verschlüsselt zu sein, bei näherem Studieren erkennt aber der Leser, dem die kanonische Bibelgeschichte nicht fremd ist, dass den Tiergestalten sehr schnell und einfach historische und bekannte Namen zugeordnet werden können.

Nach kurzer Zeit wird es ihm geradezu angelegen sein, dieses Geschichtsbuch auf Grund der eigenen Kenntnisse Baustein für Baustein selbständig zu entsiegeln. Er wird zu dem Ergebnis kommen, dass am Ende des 89. Kapitels nach dem Wiederaufbau des Tempels nach Esra und seiner erneuten Zerstörung im Jahre 70 nach Christus etwa die Zeitenwende erreicht worden ist.

Am Ende des 89. Kapitels tritt der Schreiber des Schicksalsbuches des jüdischen Volkes und der gesamten Menschheit auf.

Hier drängen sich geradezu Parallelen zu der Offenbarung des Johannes auf, wo im 5. Kapitel Vers 1 – 14 nur allein das erwürgte Lamm (Jesus Christus) für würdig befunden wird, das Schicksalsbuch der Menschheit zu öffnen.

Im 90. Kapitel wird die Geschichte des jüdischen Volkes von der Zeitenwende bis zum Beginn des Tausendjährigen Reiches dargestellt.

Konnte der interessierte Leser mittels seiner Bibelkenntnisse die Tiergestalten durch Persönlichkeiten der biblischen Geschichte austauschen und somit die Geschichte des jüdischen Volkes bis zum Ende des 89. Kapitels noch nachvollziehen, so steht er bei der Entsiegelung des 90. Kapitels zunächst unüberwindlichen Schwierigkeiten gegenüber. Denn bis zum Ende des 89. Kapitels wurden die Feinde des jüdischen Volkes durch den Lauf der Geschichte als vierfüßige Raubtiere und aasfressende Tiere dargestellt, jetzt aber, mit Beginn des 90. Kapitels, als gefiederte Raub- und Aasvögel. Die vorausgegangenen Kapitel liefern keine brauchbaren Anhaltspunkte, bis auf den Hinweis im 89. Kapitel, Vers 10, wo es heißt, dass Sem, Ham und Japheth, die Söhne Noahs, – im Geschichtsbuch Henoch als weißer, roter und schwarzer Stier bezeichnet – aus dem Schiff (Arche Noah) stiegen und *„begannen, wilde Tiere und Vögel hervorzubringen, und so entstanden viele Arten: Löwen, Tiger, Hunde, Wölfe, Hyänen, Schweine, Falken, Geier, Weihen, Adler und Raben."*

Es fällt auf, dass die Raubvögel am Ende der Aufzählung genannt werden. Offensichtlich gab es nach der Sintflut zunächst keine menschlichen Wesen, die Henoch in seiner Bildersprache als Raub- und Aasvögel bezeichnen konnte.

Deshalb treten konsequenterweise diese gefiederten Zweibeiner auch erst nach der Zeitenwende als Feinde des jüdischen Volkes in Erscheinung.

Bis zum Ende der jüdischen Geschichte tauchen außer Hunden auch keine vierfüßigen Tiere als Feinde des jüdischen Volkes mehr auf. Die Schafe, Lämmer, Widder und Böcke werden von jetzt ab nur noch von Vögeln bedroht, die sich auf lebende, sterbende und tote Schafe stürzen.

Es bedarf keiner besonderen exegetischen Auslegungskunst, um zu der naheliegenden Feststellung zu kommen, dass die vierfüßigen Raubtiere mit der Zeitenwende in zweifüßige gefiederte Raubvögel verwandelt wurden.

Verbliebe also nur noch zu klären, warum es durch die Zeitenwende zu einer solchen Verwandlung gekommen ist, die Henoch veranlasst hat, nunmehr nur noch von Raub- und Aasvögeln als den Feinden des jüdischen Volkes zu sprechen.

Die Antwort ist naheliegend. Durch Jesus Christus ist der Glaube an den jüdischen Gott, Schöpfer des Himmels und der Erde, im Verlauf der letzten zwei Jahrtausende zu fast allen Menschen bis ans Ende der Welt gekommen.

Diese Menschen, vorher in der Bildersprache Henochs als vierfüßige Tiere bezeichnet, erhalten versinnbildlicht durch ihren Glauben an den einen Gott, der alles geschaffen hat, die notwendigen Flügel, um sich aus der Gefangenschaft des Irdischen für immer zu befreien.

Seien diese Menschen nun Christen oder Mohammedaner, sie alle glauben an den einen Gott, der als Schöpfergott das ganze Weltall geschaffen hat.

Und diese sind es nun, die, obwohl sie an den gleichen Gott glauben, im Verlauf der letzten zwei Jahrtausende über das jüdische Volk hergefallen sind.

Ganz besonders wird von Henoch vermerkt, dass die Adler alle anderen Vögel in der großen Vertilgungskampagne des jüdischen Volkes anführten.

Henoch wehklagt in seinem Schlaf über den schlimmen Hirten, der die Schafe „weidete", um sie durch Hunde, Adler und Weihen vernichten zu lassen, *„bis nur noch ihr Knochengerüst dastand, dann fiel auch ihr Knochengerüst zu Boden, und so wurden die Schafe immer weniger"* (90. Kapitel, Vers 4).

Von größter Bedeutung sind die nun folgenden Textzeilen des 90. Kapitels von Vers 6 – 17, denn durch sie wird zum Ausdruck gebracht, wie dem jüdischen Volk in der letzten Zeit die Augen geöffnet werden. Dabei ist besonders beeindruckend die Schilderung in der es heißt: *„Trotzdem sie nach Ihm schrien, hörten sie nicht, was sie ihnen erzählten, sondern waren über die Maßen taub und ihre Augen waren ganz ungewöhnlich verblendet."*

Im 90. Kapitel, Vers 14, wird übereinstimmend mit den Darstellungen der Abraham-Apokalypse davon gesprochen, dass derjenige, der das Schicksalsbuch der Menschheit dem Schöpfer Himmels und der Erde aufschreibt und zwar Jesus Christus Selbst, dem jüdischen Volk und seinem Führer Aufklärung und Hilfe bringen wird.

Eindrucksvoll und ohne Zuhilfenahme einer weitgehenden Auslegung erfahren wir aus dem Henoch-Geschichtsbuch, dass dem jüdischen Volk über das Vergangene die Augen geöffnet werden sollen, bevor das endzeitliche Gericht und das Tausendjährige Reich ihren Anfang nehmen.

Nun könnte an dieser Stelle die Frage gestellt werden: In bezug auf was sollten dem jüdischen Volk die Augen geöffnet werden?

Die Antwort auf diese Frage muss immer in Verbindung mit der Persönlichkeit gesehen werden, die die Schicksalsgeschichte des jüdischen Volkes und damit der gesamten Menschheit für den Gott der Schöpfung aufzeichnet. Denn von ihr wird Aufklärung und Hilfe kommen. Er, Jesus Christus, wird sein Volk aufklären, über sich selbst und über alle wesentlichen Dinge, so dass sein Volk weinend, voller Beschämung, Ihn, Jesus Christus, annehmen wird. Ja, es wird Ihn aufnehmen in einer Weise, die einer grundlegenden Erneuerung des gesamten Christentums gleichkommt. Nach eingehendem Studium kommen wir zu dem Ergebnis, dass nach der großen Vernichtungskampagne, durch die das jüdische Volk bereits schon hindurchgeschritten ist und die im Henochbuch unübersehbar prophezeit worden ist, nun eine Phase der göttlichen Aufklärung und Hilfe zu diesem Volk kommt.

III. Das Jubiläenbuch oder die kleine Genesis

Diese Schrift enthält die Menschheitsgeschichte von der Weltschöpfung bis zur Rückkehr des jüdischen Volkes ins Land Kanaan aus der ägyptischen Sklaverei durch Moses und Josua. Darüber hinaus ist am Anfang dieses Buches, im ersten einleitenden Kapitel, Moses der Offenbarungsauftrag gestellt, vom Schöpfungsbeginn bis zum Tausendjährigen Reich alles aufzuschreiben.

Dadurch erlangt diese Schrift, über die geschichtliche Darstellung hinausgehend, eine große Bedeutung für die hier gestellte Arbeitsaufgabe. Es ist naheliegend, dass eine solche Offenbarung nur die großen Entwicklungen des Schicksalsganges enthalten kann. Sie ist aber, ungeachtet dessen, dennoch von großer Bedeutung, da die großen Entwicklungen für sich selbst schon genügend aussagekräftig sind.

So heißt es im ersten Kapitel, Vers 5 – 6:

„Moses richte deinen Sinn auf jedes Wort, das ich dir auf dem Berge sage, und schreib es in ein Buch, damit ihre Nachkommen ersehen, dass ich sie trotz all des von ihnen verübten Bösen nicht verlassen habe. Sie lösen ja die Ordnungen auf, die ich heute auf dem Sinaiberg zwischen mir und dir für ihre Nachkommen anordne. Und so wird es geschehen:

Wenn all das über sie kommt, dann erkennen sie, dass ich gerechter bin als sie mit all ihrem Recht und all ihren Werken. Dann erkennen sie, dass ich dauernd mit ihnen war."

Und weiter Vers 13 – 18:

„Ich sende dann Zeugen zu ihnen, damit ich es ihnen bezeuge; sie aber hören nicht darauf. Sie töten vielmehr die Zeugen und vertreiben die, die das Gesetz suchen. So schaffen sie alles ab und beginnen, vor meinen Augen dies zu tun. Ich verberge dann mein Antlitz vor ihnen und gebe sie in die Hand der Heiden zur Gefangenschaft, Beute und Vernichtung, ich vertreibe sie aus dem Land und zerstreue sie unter die Heiden.

Sie vergessen mein ganzes Gesetz, alle meine Gebote und mein ganzes Recht. Sie lösen Neumond, Sabbat, Feste, Jubiläen und die Ordnung auf. Danach wenden sie sich aus der Heiden Mitte mir zu mit ihrem ganzen Herzen, ihrer ganzen Seele und Kraft; dann sammle ich sie aus allen Heiden. Sie suchen mich dann, damit ich mich von ihnen finden lasse, und haben sie mich mit ihrem ganzen Herzen und ihrer ganzen Seele gesucht, dann eröffne ich ihnen viel Heil in Gerechtigkeit. Ich will sie mit meinem ganzen Herzen und meiner ganzen Seele in eine Pflanze der Gerechtigkeit umändern; sie werden dann zum Segen und nicht zum Fluche sein, sie werden Haupt und nicht Schweif sein. Dann erbaue ich mein Heiligtum in ihrer Mitte und wohne bei ihnen; ich werde ihnen ihr Gott sein und sie mein Volk in Wahrheit und Gerechtigkeit. Ich verlasse sie nicht mehr und entfremde mich ihnen nimmer, denn ich, der Herr, bin ihr Gott."

Und weiter Vers 22 - 25:

„Sie hören auch nicht, bis sie ihre Sünden und die ihrer Väter erkennen. Dann kehren sie zu mir um in aller Aufrichtigkeit, mit ganzem Herzen und ganzer Seele; ich beschneide dann ihre Herzensvorhaut und die ihrer Nachkommen, ich schaffe ihnen einen heiligen Geist und mache sie rein, dass sie sich nicht mehr von diesem Tag an bis in Ewigkeit von mir wenden. – Und ihre Seele wird mir folgen und meinem ganzen Gebot, und sie werden nach meinem Gebote tun. (Übersetzung nach Erich Weidinger, Die Apokryphen, S. 142, Paul Pattloch Verlag, 1985), *– und ich werde dann ihr Vater sein und sie meine Kinder. Und sie alle heißen Kinder des lebendigen Gottes und alle Engel und Geister wissen, ja sie wissen dann, dass sie meine Kinder sind und ich ihr Vater in Wahrhaftigkeit und Gerechtigkeit und dass ich sie liebe."*

Und weiter Vers 28 - 29:

„Denn der Herr wird allen Augen erscheinen, und alle erkennen dann, dass ich Israels Gott bin, der Vater aller Jakobskinder und König auf dem Zionsberg in alle Ewigkeit. Dann wird Zion und Jerusalem heilig sein.

Da nahm der Angesichtsengel, der vor den Heerscharen Israels einherzog, die Tafeln der Jahreseinteilung von der Schöpfung, dem Gesetz und dem Zeugnis nach den Jahreswochen der Jubiläen und nach den einzelnen Jahren, bis zum Tag der Neuschöpfung, wo Himmel und Erde und alle ihre Geschöpfe erneuert werden, wie die Mächte des Himmels und alle Erdenschöpfung, bis das Heiligtum des Herrn in Jerusalem auf dem Zionsberg geschaffen wird und alle Leuchten erneuert werden, zum Heil, Frieden und Segen für alle Erwählten Israels, damit es so von diesem Tag an bis zu allen Erdentagen bleibe."

Im 4. Kapitel des Jubiläenbuches wird auf Henoch, den Verfasser des vorstehend besprochenen Henochbuches, hingewiesen. Offensichtlich war dem Verfasser des Jubiläenbuches auch das Henochbuch bekannt, denn er schreibt von Henoch (4. Kapitel, Vers 19): *„Dieser sah in einem Traumgesicht die Vergangenheit und Zukunft, wie es den Menschenkindern in ihren Geschlechtern bis zum Gerichtstag ergeht; er sah und verstand alles, schrieb sein Zeugnis nieder und legte es zum Zeugnis* ***für alle Menschen*** *und ihre Nachkommen auf Erden nieder."*

Im 23. Kapitel wird Abrahams Tod beschrieben. Moses erhält die Anweisung - wie schon im ersten Kapitel - im Zusammenhang mit dem Tod von Abraham nochmals Zukunftsprophezeiungen über sein Volk bis zur letzten Zeit hin aufzuschreiben. So heißt es, dass das jüdische Volk zwar den großen Namen seines Gottes anrufe, aber nicht in Wahrheit und Gerechtigkeit. Auf Grund dieser Scheinheiligkeit *„erweckt Gott dann gegen sie die Sünder der Heiden, die kein Erbarmen noch Mitleid kennen und die auf niemand Rücksicht nehmen, weder auf alt noch jung, überhaupt auf niemand, denn sie sind schlimmer und stärker im Böses tun als alle anderen Menschenkinder. Sie werden an Israel Gewalt ausüben und an Jakob Verbrechen begehen, und viel Blut wird auf Erden vergossen, aber niemand ist dann da, um die Leichen zu sammeln und zu begraben. In jenen Tagen schreien, rufen und beten sie, man möge sie aus der sündigen Völker Hand erretten, aber es gibt niemanden, der gerettet würde"* (23. Kapitel, Vers 23-24).

Und weiter Vers 26: *„In jenen Tagen beginnen die Kinder die Gesetze zu suchen und das Gebot zu suchen und auf dem Weg der Gerechtigkeit umzukehren"* (Übersetzung nach Weidinger S. 186).

Von außerordentlicher Bedeutung ist die Tatsache, dass die Umkehr des jüdischen Volkes nicht nur an die Einhaltung und ständige Beachtung der auf dem Berg Sinai gegebenen Gesetze gebunden ist, sondern auch an die innigste Beachtung des Gebotes. Es gibt aber kein anderes Gebot von Gott – über die göttlichen Gesetze hinausreichend – als das von Jesus Christus ausgesprochene Gebot der Nächstenliebe.

Dieses Gebot bestand zwar unterschwellig vor und nach den Ereignissen auf dem Berg Sinai im jüdischen Volke schon immer (vergleiche hierzu auch das Geschichtsbuch „Joseph und Asenath"), es wurde aber durch Jesus Christus in das Zentrum des neuen Glaubens gestellt. Und zu diesem Gebot wird sich das gesamte jüdische Volk – wie es auch im 1. Kapitel, Vers 22 heißt – bekennen. Es ist interessant und für den Verfasser geradezu wunderbar, dass das Jubiläenbuch, ohne den Messias persönlich zu nennen, über den Weg des Gebotes die gleichen klaren Prophetien wie das Henochbuch und die Abraham-Apokalypse enthält.

So stellen wir zusammenfassend fest, dass auch im Jubiläenbuch die einzigartige Vernichtungskampagne, die sich gegen das jüdische Volk richtete, unzweideutig vorausgesagt wurde. In der prophetischen Gesamtschau des Schicksalsganges des jüdischen Volkes wird **sie als Voraussetzung für die notwendige Umkehr des jüdischen Volkes dargestellt.**

Im ersten Kapitel, Vers 28, ist davon die Rede, dass „der Angesichtsengel" die Tafeln der Schöpfung, der Gesetze und des Zeugnisses an sich nimmt, um sie bis zum Tage der Neuschöpfung aufzubewahren.

Es ist sehr bedeutungsvoll zu wissen, dass von allen Dingen, die es in dieser Welt gibt, vor Gott nur drei Wesenheiten gelten. Dies sind seine Schöpfung, die Gesetze vom Berg Sinai und das Zeugnis. Mit dem Zeugnis ist die Ankündigung der Geburt Jesu Christi durch die Propheten sowie das Leben, Leiden und Sterben und die Auferstehung des Messias und seine Anwesenheit und Gegenwart bis auf den heutigen Tag unzweideutig gemeint. In diesen drei Dingen ist das ganze Heil, aber auch das ganze Unheil der Menschheit bis zum Tage der Neuschöpfung enthalten.

IV. Das Buch Philo oder das Buch der Biblischen Altertümer

Diese Schrift erzählt die biblische Geschichte von Adam bis zu den Tagen des Königs David. Im 13. Kapitel, Vers 10, erhält Moses von Gott Anweisungen über die Rettung der Seelen seines Volkes.

„Gott sprach: Wenn sie auf meinen Wegen wandeln, dann verlasse ich sie nicht, vielmehr erbarme ich mich ihrer immer wieder und segne ihre Nachkommen.

Und die Erde wird schnell ihre Frucht geben und der Regen wird ihnen zum Gewinn sein und nicht unfruchtbar machen.

Ich weiß aber wohl, dass sie ihre Wege verderben werden, dann aber verlasse ich sie, denn sie vergessen die Bündnisse, die ich mit ihren Vätern schloss, ich will sie aber nicht für immer vergessen. Sie selbst sehen es dann in den jüngsten Tagen ein, dass ihre Nachkommenschaft um ihrer Sünde willen verlassen wurde, denn ich bin getreu in meinen Wegen."

In der Auseinandersetzung zwischen dem Volk der Moabiter mit seinem König Balak und dem jüdischen Volk schickte Balak Abgesandte zu dem ihm ergebenen Traumdeuter Balaam, der in Mesopotamien wohnte, damit er das israelische Volk verfluchen sollte. Nach langen Auseinandersetzungen, auf die hier nicht näher eingegangen werden kann, kommt Balaam ins Land der Moabiter und spricht zu König Balak (18. Kapitel, Vers 10):

„Es ist leichter, zu jeglicher Höhe Grundfesten emporzuheben, das Sonnenlicht auszulöschen und das Mondlicht zu verfinstern, als des Allmächtigen Pflanzung zu entwurzeln oder seinen Weinberg zu vernichten."

Und weiter Vers 11: *„Ja, es ist ein Weinstock, der viel begehrten Schatten spendet und der begehrt wird, weil er nicht welkt. Sollte aber jemand denken, der Allmächtige habe vergeblich gewirkt oder habe sie unnötig auserwählt – fürwahr, ich sehe jetzt das Heil der Rettung zu ihnen kommen. Ich muss mit meiner Stimme Laut zurückhalten und* *kann nicht sagen, was ich mit meinen Augen sehe, denn mir ist nur wenig zurückgeblieben vom Heiligen Geiste, der in mir wohnte. Denn ich weiß, dass ich meine Lebenstage verloren habe, weil ich mich von Balak überreden ließ."*

Der Vollständigkeit und des allgemeinen Verständnisses wegen sei erwähnt, dass sich Balaam durch ungeheure Geschenke von König Balak überreden ließ, das jüdische Volk zu verfluchen. Zuletzt bedienen sie sich gemeinsam einer List, indem sie das jüdische Volk in Begierde stürzen, um sie so ihrem Gott zu entfremden und sündenbeladen zu machen.

Aber hier ließe sich mit dem Ausspruch von Moses aus dem 12. Kapitel, Vers 6 des Philobuches antworten:

„Bitternis herrscht nicht für immer vor, noch behält das Schlechte die Oberhand."

Besonderer Erwähnung bedarf das 19. Kapitel. Es enthält die Abschiedsworte von Moses an sein Volk. Moses sprach zu ihnen (19. Kapitel, Vers 2 – 3):

„Ich lege mich jetzt zu meinen Vätern schlafen und gehe zu meinem Volk. Ich weiß aber, dass ihr meine Anordnungen verlassen werdet und dass dann Gott euch zürnt, euch und euer Land verlässt und über euch eure Hasser bringt, und dass diese euch beherrschen, jedoch nicht bis zum Ende, weil er seines mit euren Vätern geschlossenen Bundes eingedenk sein wird. Dann werdet ihr mit euren Kindern und allen euren anderen Nachkommen aufstehen und euch nach meinem Todestag erkundigen und bei euch denken: Wer gibt uns einen Hirten wie Moses, den Söhnen Israels einen solchen Richter, der zu jeder Zeit für unsere Sünden betet und für unsere Missetaten erhört wird?"

Im 21. Kapitel sagt Gott Josua voraus, dass nach seinem Tode das jüdische Volk sich mit den Einwohnern des Landes vermischen und durch fremde Götter verführt werde. Daher betet Josua zu Gott (21. Kapitel, Vers 4-6):

„Nun lass deiner Erbarmungen Fülle mit deinem Volk Geduld haben und erwähle für dein Erbteil einen Mann, der über dein Volk herrschen kann, er und sein Geschlecht! Sagte nicht im Hinblick auf ihn unser Vater Jakob: Nicht soll es an einem Führer für Juda fehlen, noch an einem Führer aus seinen Lenden? Nun bestätige die vorhin gesprochenen Worte, dass der Erde Völker lernen, du seist ewig! Er fügte noch hinzu: Herr! Tage kommen, wo Israels Haus einer brütenden Taube gleicht, die ihre Jungen ins Nest legt und sie nicht verlässt, noch ihren Platz vergisst. So werden sich auch diese von ihren Taten wenden und das Heil, das ihnen geboren wird, erkämpfen."

Man ist geradezu versucht, anstelle des Wortes **„erkämpfen"** das Wort **„erleiden"** zu setzen. Aber wir wissen nicht, wie der Weg, den Gott mit seinem auserwählten Volk gehen wird, nun genauestens aussehen wird. Daher kann im Nachhinein das Wort „erkämpfen" durchaus in seiner Bedeutung tiefer und richtiger sein. Aus heutiger Sicht müsste man allerdings das Wort „erkämpfen" durch das Wort „erleiden" ersetzen müssen.

Kurzum, wir sehen, dass auch das Buch Philo eine deutliche und nicht auslegungsbedürftige Prophetie über das künftige Schicksal des jüdischen Volkes enthält, wonach es sich **„das ihm geborene Heil"** erkämpfen muss.

Vielleicht, so muss man mutmaßen, ist der Begriff des Erkämpfens der umfassendere, der den des Erleidens in sich einschließt.

V. Die Psalmen Salomons

Im ersten Psalm sieht Salomon auf das frevelhafte und gottlose Handeln seiner Nachkommen und seines Volkes. Es bildet die Ursache für die Strafgerichte, die Gott über sein Volk unter Nebukadnezar kommen lässt.

Salomon bittet nun im Traumgesicht, es mit der Zerstörung durch die Heiden genug sein zu lassen und die Heidenvölker zu züchtigen, dass sie ablassen von der Zerstörung der heiligen Stadt und das jüdische Volk wieder in sein Land zurückkommen lassen. Aber diese Bitte wird ihm nicht erfüllt. Stattdessen heißt es im 2. Psalm, Vers 30:

„Nicht lange danach, da zeigte Gott mir seinen Leichnam, durchstochen auf Ägyptens Bergen, verachteter als der Geringste auf dem Land und Meer. Sein Leichnam wurde auf den Wogen hingetragen in Sturmesbrandung, und niemand war da, der ihn begrub.

So gab er diesen der Verachtung preis. Er hatte nicht bedacht, dass er ein bloßer Mensch und hatte nicht das Ende überlegt. Er sprach: ‚Ich bin des Meeres und des Landes Herr'. Er wusste nicht, dass Gott so groß und stark in seiner urgewaltigen Kraft. Nur Er ist König in den Himmeln und richtet Könige und Reiche. Auch mich erhebt er zu der Herrlichkeit, doch Übermütige führt er in Schmach zum ewigen Verderben, weil sie von Ihm nichts wissen wollten."

Unzweideutig erhält Salomon eine Vorausschau des noch schlimmeren und schwereren Schicksalsganges seines Volkes nach der Zeitenwende.

Die Ursache ist jetzt nicht mehr allein ihr frevelhaftes Handeln, sondern die Tatsache, dass sie **„von Ihm nichts wissen wollten"**.

Es ist wichtig darauf hinzuweisen, dass mit dem schweren Schicksal des jüdischen Volkes nach der Zeitenwende das Land Ägypten in Verbindung gebracht wird.

So heißt es auch im 6. Buch Esra im ersten Kapitel, Vers 10:

„Geschleppt zur Schlachtbank wird mein Volk, der Herde gleich; ich lass es im Ägpyterland nicht weiter wohnen. Ich führ's mit starker Hand und hocherhobenem Arm heraus und schlage das Ägypterland mit Plagen wie schon früher."

Das Land Ägypten hat nach der Zeitenwende für das Schicksal des jüdischen Volkes keine nennenswerte Rolle gespielt, daher muss der Name Ägyptens mit einem anderen Volk in Verbindung gebracht werden. Welches Volk hier gemeint ist, haben sich die aufmerksamen Leser sicherlich schon selbst beantwortet.

Um die Erfüllung des verheißenen Schicksalganges seines Volkes bittet Salomon im 17. Psalm, Vers 23 – 29.

So bittet Salomon darum, dass sein Volk seinen Messias annehmen und Jerusalem unter der Leitung des Messias Gott wieder geheiligt werde.

So heißt es:

„Sieh, Herr, darein! Lass ihnen ihren König wiederum erstehen, den Davidssohn, zur Zeit, die du erkoren, Gott, dass Israel, dein Knecht, ihm diene! Umgürte ihn mit Kraft, dass er des Frevels Herrscher niederschmettere! Mach rein Jerusalem von Heiden, die's also kläglich niedertreten! In Weisheit und Gerechtigkeit treib er die Sünder aus dem Erbteil fort, zerschlag des Sünders Übermut gleich Tongeschirr. Mit einem Eisenstock zerschmettere er ihr ganzes Wesen. Vernicht mit seines Mundes Wort die frevelhaften Heiden! Bei seinem Drohen sollen die Heiden vor ihm fliehen.

Ob ihres Herzens Sinn weis' er zurecht die Sünder. Dann sammelt er ein heilig Volk, das er gerecht regiert, und richtet dann die Stämme des von dem Herren, seinem Gott, geweihten Volkes.

Er lässt nicht zu, dass Unrecht fernerhin in ihrer Mitte weile, und wer um Böses weiß, darf nicht bei ihnen wohnen.

Sie schauen des Herrn Herrlichkeit, womit es Gott verherrlicht. Er selbst herrscht über sie von Gott gesetzt als ein gerechter König. Kein Unrecht mehr geschieht zu seiner Zeit bei ihnen, weil alle heilig und weil des Herrn Gesalbter jetzt ihr König."

Wie auch die vorangegangenen Schriften enthalten die Psalmen Salomons gleichfalls deutliche Hinweise auf das schwere Schicksal des jüdischen Volkes nach der Zeitenwende. Von besonderer Wichtigkeit ist aber die Verheißung künftigen Heils, wonach sich das jüdische Volk seinem Messias in der Zeit, die Gott auserkoren hat, wieder zuwenden wird, um so zu einer vollständigen Erneuerung des Christentums zu kommen.

VI. „Der Rest der Worte Baruchs" und die „Himmelfahrt des Jesaja"

Es wird der Versuch unternommen, über zwei verschiedene apokryphe Schriften insgesamt gemeinsam zu berichten, da sie die weitgehend übereinstimmenden Zeugnisse der beiden bekanntesten Propheten, Jesaja und Jeremias, über das künftige Erscheinen des Messias im jüdischen Volk enthalten.

Die von Paul Rießler auf Seite 481 - 484 dargestellte Schrift unter dem Titel „Die Himmelfahrt des Jesaja", stellt Erich Weidinger in seinem Buch „Die Apokryphen - verborgene Bücher der Bibel", Paul Pattloch Verlag Aschaffenburg, 1985, auf Seite 520 - 523 richtigerweise als „Martyrium des Jesajas" dar. Für die hier vorgelegte Betrachtung dient als Textquelle die Schrift, die Erich Weidinger in seinem oben erwähnten Buch auf Seite 511 - 520 unter dem Titel „Himmelfahrt des Jesaja" veröffentlicht hat.

Der unvoreingenommene Leser beider Schriften kommt nicht an der bedeutsamen Tatsache vorbei, dass man sowohl Jeremias als auch Jesaja wegen der empfangenen Traumgesichte, die sie öffentlich dem Volk kundtaten, töten ließ. Die Schrift „Die Himmelsfahrt des Jesaja" endet mit den Worten: *„Wegen dieser Gesichte und Weissagungen zersägte Satan durch die Hand Manasses den Propheten Jesaja, den Sohn des Amoz."*

Die Verbindung zu den Ursachen des gleichschlimmen Schicksals, das der Prophet Jeremias ebenfalls erleiden muss, erfahren wir aus dem 9. Kapitel, Vers 19 – 21 der Schrift mit dem Titel „Der Rest der Worte Baruchs". So heißt es dort: *„Als Jeremias also redete, dass Gottes Sohn in dieser Welt erschiene, da ward das Volk erzürnt und sprach: ‚Dies sind des Amozsohns Jesajas Worte wieder, der sagte: ‚Ich habe Gott gesehen, und zwar Gottes Sohn'. Kommt! Wir wollen ihn zwar nicht auf solche Art, wie jenen, töten, wir töten ihn mit Steinen."*

Es drängt sich jetzt die Frage geradezu auf, warum das jüdische Volk über die Messiasankündigung so in Zorn geriet, dass es die beiden Propheten wegen ihrer Traumgesichte schon ca. 650 Jahre vor der Geburt des Messias tötete.

Es wird hier die Meinung vertreten, dass das jüdische Volk über die Messiasankündigung wohl kaum in einen solchen Zorn und eine solch todbringende Wut geraten konnte.

Vielmehr muss es der Umstand gewesen sein, dass Jeremias als auch Jesaja im Vortrag ihrer Visionen gleichermaßen unzweideutig darauf hinwiesen, dass durch den Messias das Heil zu den Heiden käme.

So heißt es in der Schrift „Der Rest der Worte Baruchs" (9. Kapitel, Vers 13 – 21): *„Und nach drei Tagen kam die Seele wieder in den Leib* (des Jeremias). *Und da erhob er mitten unter ihnen seine Stimme; er sprach: Preist Gott! Preist alle Gott und Gottes Sohn, Jesus Christus, der uns erweckt, aller Welten Licht, Leuchte, die nie erlöscht, des Glaubens Leben. Nach diesen Zeiten kommen aber andere 365 Jahre, bis dass er auf die Erde kommt.*

Der Lebensbaum, in Paradiesesmitte eingepflanzt, lässt alle unfruchtbaren Bäume fruchtbar werden, sie wachsen und gedeihen, und ihre Frucht bleibt bei den Engeln. Die Aufgeschossenen, die Prahlerischen, die sagen: ‚Wir haben unser Ende anvertraut der Luft'. Sie lässt Er samt den hohen Zweigen dorren, und Bäume, festgewurzelt, lässt Er sinken. Das Rote aber macht Er so wie weiße Wolle. Der Schnee wird schwarz, die süßen Wasser bitter im großen Licht der Gottesfreude. Er segnet auch die Inseln, so dass sie Früchte bringen nach jenem Worte aus dem Munde des Gesalbten. Er selber kommt, geht wieder fort und wählt sich zwölf Apostel aus, dass sie den Heiden frohe Botschaft künden."

Und in der Schrift „Die Himmelfahrt des Jesaja" heißt es auf Seite 519: *„Und ich* (Jesaja) *sah, o Hiskia und mein Sohn Jasub und erkläre vor den übrigen Propheten, die hier stehen, dass er allen Himmeln und allen Fürsten und jedem Gott dieser Welt geboren war."*

Bis auf den heutigen Tag ist es jedem rechtgläubigen Juden ein Stein des Anstoßes, dass ihr Messias der Heiden Heiland geworden ist.

So heißt es im 5. Esra Buch im 1. Kapitel, Vers 35 - 37:

„So geb ich eure Häuser einem Volk, das kommt und das den Glauben hat, wenn schon es mich nicht hört und das vollzieht, was ich gebiete, wenn schon ich ihnen keine Zeichen gebe. Sie schauten keinerlei Propheten und doch erinnern sie sich ihrer alten Reden. Und ich bezeug das Wohlgefallen an dem Volk, das kommt und dessen Kinder voller Freude jubeln, obschon sie nicht mit Fleischesaugen mich erblicken, vielmehr im Geiste glauben, was ich gesagt."

So wie jeder rechtgläubige Jude sich weigert, diese Tatsache anzuerkennen, so war diese Situation bereits auch schon ca. 650 Jahre vor dem Erscheinen des Messias.

Wenn heute von verschiedenen Seiten versucht wird, die Kreuzigung des Gottessohnes als „bedauernswerten Betriebsunfall" in der Religionsgeschichte des jüdischen Volkes darzustellen, so ist dem entgegenzuhalten, dass es sich nicht um einen zu verharmlosenden „Betriebsunfall" gehandelt hat, sondern dass diese Kreuzigung des Gottessohnes eine viel tragischere und ernstere Dimension bis auf den heutigen Tag besitzt.

Wie anders wäre sonst zu erklären, dass man die bekanntesten jüdischen Propheten Jesaja und Jeremias bereits schon ca. 650 Jahre vor der Geburt des Heilandes wegen der Verkündigung der frohen Botschaft auf die schrecklichste Weise töten ließ. So wenig es einen „harmlosen Betriebsunfall" gab, noch geben wird, so wenig wird es zu einer nachträglichen und rein äußerlichen Rehabilitation dieses Jesus von Nazareth durch das jüdische Volk kommen. Stattdessen wird das israelische Volk erkennen, was die schicksalsschweren Worte bedeuteten, die vor 2000 Jahren das ganze Volk Pilatus entgegen geschrien hat: *„Sein Blut komme über uns und unsere Kinder“* (Matthäus 27, 25).

Es bedarf keinerlei prophetischer Gabe, um erstaunt festzustellen, wie schrecklich sich diese Selbstverfluchung an den damals lebenden Juden als auch an ihren Nachkommen bis auf den heutigen Tag erfüllt hat. Wenn dem jüdischen Volk darüber die Augen geöffnet werden, wird niemand mehr von einem „bedauernswerten Betriebsunfall“, geschweige von einer Rehabilitation des Gottessohnes sprechen. Aber das jüdische Volk wird sich diesem Jesus, seinem Heiland, in einer Innigkeit zuwenden, die einer totalen Erneuerung des Christentums gleichkommt.

In beeindruckender Weise wird dann das Gebot der Nächstenliebe vom jüdischen Volk in einer Art praktiziert, die zur Nacheiferung unter den dann noch wahrhaften Heidenchristen Anlass geben wird.

VII. Die Himmelfahrt des Moses oder das Testament des Moses

Bevor Moses die Führung des israelischen Volkes seinem Nachfolger Josua übergibt, vertraut er zukünftige Dinge, die ihm Gott eingegeben hat, dem Nunssohn Josua an. Es wird gesagt, dass die göttlichen Überlieferungen in Schriftform übergeben würden, mit der Weisung, diese Schrift in irdene Gefäße an einem von Gott genau bezeichneten Ort aufzubewahren. Von dem heiligen Ort wird noch gesagt, dass dort sein Name angerufen würde. Es ist daher zu vermuten, dass mit jenem Ort Jerusalem gemeint ist, dort wo später der Tempel von Salomon errichtet wurde.

Interessant ist der Hinweis, dass dort Sein Name nur angerufen würde bis zu dem Tage der Buße bei der Heimsuchung.

Hier wird unzweifelhaft auf die spätere letztmalige Zerstörung des Tempels und der heiligen Stadt durch das römische Weltreich sowie auf die abermalige Besetzung von Jerusalem im Zusammenhang mit dem dritten Weltkrieg hingewiesen.

Wir erfahren durch die prophetischen Schriften den weiteren Schicksalsgang des jüdischen Volkes über die Teilung des Volkes in zwei Staaten, die Wegführung nach Babylon, die Rückführung unter Esra und die Ereignisse in der Diadochenzeit. Was zu Beginn der hier besprochenen Schrift nur ganz allgemein prophetisch angedeutet wurde, wird nun deutlich ausgesprochen.

So heißt es im 6. Kapitel, Vers 8:

„Es fallen in ihr Land Kohorten ein, des Abendlandes starker König kommt und erobert es. Sie werden in Gefangenschaft geschleppt, und er verbrennt an ihrem Tempel einen Teil und kreuzigt einige um ihre Siedlung."

Die Prophezeiungen, die jetzt gegeben werden, sollten einer gründlichen Betrachtung unterzogen werden, da sie den Schicksalsgang des jüdischen Volkes seit seiner letzten Vertreibung aus Jerusalem beinhalten.

So wird im 7. Kapitel, Vers 1 – 3, hierzu folgendes ausgeführt:

„Von da ab gehen die Zeiten ihrem Ende zu, es schließt ihr Lauf sich plötzlich, es kommen die vier Stunden. Es herrschen über sie Verderbliche und Gottlose, die lehren, dass sie selbst gerecht."

Und weiter Vers 9 – 10: *„Unreines treiben ihre Hände, ihre Herzen; ihr Mund spricht große Dinge aus. Sie sagen überdies: ‚Rühr mich nicht an, damit du mich nicht unrein machst.'"*

Diese Worte regen zum Nachdenken an. Manch einer wird mit ungutem Gefühl an die Humanitätsideale der Aufklärungszeit erinnert, wenn er von den großen Dingen hört, die in der

Vergangenheit ausgesprochen wurden. Andere werden daran denken, dass es noch vor nicht allzu langer Zeit als unfein galt, sich mit Geldgeschäften abzugeben. Da man die Juden durch die Zunftordnungen von den Handwerksberufen ausgeschlossen hatte, verblieb ihnen häufig nur das Geldgeschäft, in dem sie um so leichter diskriminiert werden konnten.

Darin liegt nun auch zu einem Teil die Scheinheiligkeit vergangener Zeiten, in denen die Mächtigen zwar Reichtum und Macht für sich selbst ohne die geringsten Skrupel in Anspruch nahmen, andererseits aber vor allem auf die Juden und andere in moralischer Überheblichkeit verächtlich niederschauten, von denen sie Geld und Macht wie selbstverständlich in Empfang nahmen. Viele Leser werden geradezu gedrängt, an das antisemitische Schauspiel „Der Kaufmann von Venedig" von William Shakespeare zu denken. Es könnte ebensogut den Titel tragen: „Rühr mich nicht an, damit du mich nicht unrein machst."

Man erwartete von den Juden Gnade vor Recht, war aber im Gegenzug nicht bereit, diese zu gewähren.

Wir werden sehr erstaunt sein, dass wir nun nach recht allgemeinen Ausführungen direkt auf die Judenverfolgungen der Nazizeit hingewiesen werden. So heißt es im 8. Kapitel, Vers 1 – 5:

„Alsdann befällt sie eine zweite Heimsuchung, ein zweiter Zorn, wie solches nie bei ihnen war, von Urzeit bis auf jene Stunde, wo Er der Erden Könige gegen sie erweckt, von großer Stärke einen Machthaber, der die Beschnittenen kreuzigt und foltert die, die die Beschneidung leugnen, und sie gefesselt in den Kerker wirft. Den Heiden gibt man ihre Weiber, von Ärzten werden ihre Knaben operiert, um unbeschnitten zu erscheinen. Die anderen aber unter ihnen werden schwer gestraft mit Martern, Feuer, Schwert und so gezwungen, die Götzenbilder öffentlich umherzutragen, befleckt wie sie, gleich ihren Herren. Von ihren Henkersknechten werden sie genötigt, geheime Stätten zu betreten, mit Stacheln werden sie gezwungen, das Wort zu schmähen und zu lästern, zuletzt nach diesem die Gesetze und das, was sie auf dem Altare haben."

Das achte Kapitel spricht eine so deutliche Sprache, dass es keiner weiteren Erklärung bedarf.

Interessant ist, dass im nun folgenden 9. Kapitel ein Mann aus dem Stamm der Leviten vorgestellt wird, dem die Augen über das Schicksal seines Volkes geöffnet werden. Hier drängt sich geradezu die Parallelität der prophetischen Aussage zu der Bildersprache des Henochbuches auf, wo es im 90. Kapitel, Vers 9, heißt:

„Dann sah ich, wie ein großes Horn bei einem dieser Schafe hervorwuchs, da wurden ihre Augen geöffnet."

Vergleiche hierzu auch die Ausführungen zum Henochbuch.

VIII. Das Testament der zwölf Patriarchen

Es stellt den schriftlichen Nachlass der zwölf Jakobskinder in zwölf Einzeltestamenten dar. Sie sind so aufgebaut, dass jeder der Söhne Jakobs nochmals aus seiner Sicht die Familienbegebenheiten rekapituliert und seinen Anteil daran vorstellt. Entscheidend ist, dass sie alle ihre schlechten Taten bereuen und dartun, wie sie bis ans Ende Ihres Lebens unter ihnen gelitten haben. Sie versichern in Mehrheit, dass sie nur durch ihre eigene Bußfertigkeit sowie durch ihre Reue und vor allem durch das Gebet und die Fürbitte ihres Vaters Jakob am Leben geblieben sind und von ihren nachhaltigen Krankheiten, mit denen Gott sie bestrafte, geheilt werden konnten.

Der Leser, der bisher nur die kanonischen Darstellungen im historischen Ablauf kennt, wird tief beeindruckt einen Blick hinter die Kulissen der Geschichte werfen, indem er erfährt, wie die allgemein aus der biblischen Geschichte bekannten Ereignisse unmittelbar auf die Beteiligten gewirkt haben.

Die bekannten Begebenheiten werden in den Testamenten so dargestellt, dass im Nachhinein bedeutungsvolle allgemeingültige Lehren daraus gezogen werden.

Nichts wird dem Leser verheimlicht, mit allen ihren dunklen

Charaktereigenschaften setzen sich die Jakobskinder auseinander und leiten aus ihren Verirrungen bedeutungsvolle Ermahnungen an ihre Kinder und Kindeskinder ab.

So schont Ruben sich nicht, seine Triebbegierden offen zuzugeben, Simeon seinen tödlichen Bruderhass, Juda seine Unzucht, Dan seinen Zorn und seine Lügen als Reaktion auf die ausgebliebene Vaterliebe. Alle Testamente legen ein eindrucksvolles Zeugnis davon ab, dass diese durchaus menschlichen Eigenschaften einzig und allein nur durch die Hilfe Gottes geheilt werden können. Diese Hilfe Gottes kann aber nur erlangt werden, wenn sich der Mensch hilfesuchend an seinen Schöpfer wendet. Solange seine Hinwendung zu Gott, seine Einsicht und Reue gegenüber seinen verwandlungsbedürftigen menschlichen Eigenschaften fehlen, muss er in diesen Beschaffenheiten leben, die ihm in der Folge immer noch größeres Elend und Leid bringen müssen. Nur die reuevolle Hinwendung zu Gott kann aus diesen schrecklichen und höllischen Zuständen erlösen. Diese Botschaft ist nicht neu, aber es ist ermutigend, sie auch im altjüdischen Schrifttum zu finden.

Getreu der gestellten Arbeitsaufgabe interessieren hier aus den zwölf Testamenten der Söhne Jakobs die prophetischen Aussagen über das weitere Schicksal der zwölf Stämme Israels. Allen Testamenten ist eine gemeinsame prophetische Aussage eigen, wenngleich sie nicht bei allen Testamenten durchgängig und lückenlos ausgesprochen wird. Zusammengefasst lassen sich, nach ihrem zeitlichen Ablauf geordnet, folgende Prophetien darstellen: Versündigung am Welterlöser (Messias), darauffolgende Zerstreuung des auserwählten Volkes, erneute allerentsetzlichste Züchtigung, Sammlung, Rückführung ins Land der Väter, Reue, Buße und erneute Zuwendung und Gnade des Schöpfergottes.

Wenn wir diese Prophetien in aller Deutlichkeit vor uns hinstellen, verwundert es nicht mehr, wenn auch in der Apokalypse über diese größte Züchtigung des auserwählten Volkes detailliert berichtet wird. Denn in allen diesen Schriften hat sich Gott mit seinem wunderbaren und äußerst merkwürdigen Heilsplan mittels des menschlichen Geistes kundgetan.

So heißt es im Testament des Juda im 22. Kapitel, Vers 2 – 3:

„Durch fremde Völker wird mein Königreich vernichtet, bis dass für Israel das Heil erscheint, bis der gerechte Gott erscheint, und Jakob ruht in Frieden mitsamt der ganzen Heidenwelt. Er wahret meines Königreiches Macht für immer. Mit einem Eide schwur mir ja der Herr, das Königtum nie meinem Stamme zu entziehen."

Und im 23. Kapitel, Vers 2, bis 24. Kapitel, Vers 6, heißt es:

„Ihr mischet euch mit Heidengreueln. Dafür bringt über euch der Herr Pest, Hunger, Tod und Schwert und feindliche Belagerung und Schmähungen der Freunde und Kindermord und Weiberraub und Plünderung der Habe, Einäscherung des Gottestempels, Vereinsamung des Landes, Versklavung eurer selber bei den Heiden. Sie machen etliche von euch für ihre Weiber zu Eunuchen, bis dass ihr umkehrt zu dem Herrn in Herzensreinheit und voll Reue, bis ihr in allen göttlichen Geboten wandelt. Dann sucht der Herr erbarmungsvoll euch heim und führt euch aus der Heiden Kerkern. Dann geht ein Stern aus Jakob euch in Frieden auf. Ein Mann ersteht aus meinem Stamme gleichwie die Sonne der Gerechtigkeit; er wandelt mit den Menschenkindern in Sanftmut und Gerechtigkeit und keine Sünde wird an ihm erfunden. Es öffnen sich die Himmel über ihm und gießen aus den Geist, des Vaters heiligen Segen. Es selbst gießt über euch den Geist der Gnade aus, ihr werdet seine Söhne ihm in Wahrheit sein und früh und spät, was er gebot, befolgen. Dies ist der Spross des höchsten Gottes, der Lebensquell für alles Fleisch. Dann leuchtet meines Königreiches Zepter auf; ein Spross erblüht aus eurer Wurzel. Aus ihm entsprießt den Heiden ein gerechtes Zepter, ***zu richten*** **(aufzurichten)** *und zu retten alle, die zum Herrn rufen."*

Im Testament des Zabulon heißt es im 9. Kapitel, Vers 6-8:

„Und eure Feinde werden euch gefangennehmen; ihr sitzet alsdann bei den Heiden mit Krankheit und mit Trübsal aller Art. Hernach gedenket ihr des Herrn und tuet Buße. Auf dies hin führt er euch zurück, er ist barmherzig, gnädiglich und rechnet nicht die

Schlechtigkeit den Menschenkindern auf. Sie sind ja Fleisch und Geister der Verführung täuschen sie bei allen ihren Werken.

Hernach geht euch der Herr als Leuchte der Gerechtigkeit selbst auf. ***Ihr kehrt in eure Heimat wieder*** *und schaut ihn zu Jerusalem um seines Vaters willen."*

Im gleichen Sinne heißt es im Testament des Issachar im 6. Kapitel, Vers 3:

„Saget dieses euren Kindern! Wenn sie schon sündigen, so sollen sie um so schneller sich zum Herrn bekehren. Er ist barmherzig, rettet sie, sie können wieder in die Heimat ziehen."

Im Testament des Benjamin wird besonders eindrucksvoll auf den künftigen Messias hingewiesen, wenn es im 3. Kapitel, Vers 6 – 8, heißt:

„So bat auch Joseph unsern Vater Jakob, er möge für unsere Brüder beten, der Herr möge ihnen nicht als Sünde anrechnen, was sie ihm Böses angetan. Und so rief Jakob aus: Mein gutes Kind! Du überwindest deines Vaters Jakob Herz. Und er umarmt und küsst ihn, an zwei Stunden und sprach: Des Himmels Prophezeiung wird an dir erfüllt vom Gotteslamm und Welterlöser, dass für die Sünder wird ein Unschuldiger dahingegeben und für die Übeltäter stirbt ein Sündenloser, im Blut des Bundes für die Heiden, sowie für Israels Befreiung und dass er Satan mit seinen Dienern niederwerfe."

Ebenso eindrucksvoll sind die Prophezeiungen aus dem Testament des Dan, wo es im 6. Kapitel, Vers 1 – 9 heißt:

„So fürchtet, meine Kinder, jetzt den Herrn! Und hütet euch vor Satan und vor seinen Geistern! Und naht euch Gott und seinem Fürbittengel! Er ist der Mittler zwischen Gott und Menschen. Und für den Frieden Israels stellt er dem Feindesreiche sich entgegen. Drum gibt der Feind sich Mühe, zu Fall zu bringen, die den Herrn anrufen. ***Er weiß ja, dass des Feindes Reich ein Ende hat am Tag, wo Israel bereut. Des Friedens Engel selbst stärkt Israel, so dass es nicht in schlimmstes Unheil kommt. Und ist noch gottlos Israel, so lässt der Herr sie dennoch nicht, er wandelt sie zu***

einem Volke um, das seinen Willen tut, kein Engel gleicht ihm dann. *Sein Name ist an jedem Orte Israels und bei den Heiden. Bewahrt euch selber, meine Kinder vor jedem bösen Werk und werft den Zorn und jede Lüge fort und liebt die Wahrheit und Geduld.*

Was ihr von eurem Vater hört, gebt euren Kindern mit, dass euch der Heiden Heiland aufnimmt. Er ist wahrhaftig, langmütig und demütig und mild, das göttliche Gesetz lehrt er durch seine Werke."

Im Testament des Naphtali wird in wenigen Sätzen das gesamte Schicksal des auserwählten Volkes dargestellt. Dazu heißt es im 4. Kapitel, Vers 1 – 5: *„Ich sag dies, meine Kinder, weil ich in Henochs Buche las, ihr würdet auch vom Herrn abfallen, nach aller Heidenbosheit wandeln, nach jeder Sodomssünde tun. Der Herr bringt über euch Gefangenschaft, dort müsst ihr euren Feinden dienen und werdet zugedeckt mit jeder Drangsal und mit Not, bis euch der Herr vernichtet hat. Und seid ihr wenig und gering geworden, alsdann bekehrt ihr euch und kennet wieder euren Gott und Herrn, er bringt euch abermals in euer Land nach seiner großen Milde. Und kommen sie in ihrer Väter Land zurück, alsdann vergessen sie den Herrn ein zweites Mal und handeln gottlos und dann zerstreut der Herr sie auf* ***der ganzen Erde****, bis dass des Herrn Erbarmen kommt,* ***ein Mensch****, der da Gerechtigkeit vollzieht und gegen alle, fern und nah, barmherzig ist."*

Naphtali berichtet in seinem Testament von zwei Träumen, die wie das 4. Kapitel eine kurze Darstellung des leidvollen Schicksalganges des jüdischen Volkes beinhalten.

Trostvoll ist der versöhnliche Ausgang und das Ende des leidvollen Weges.

Naphtali erzählt seine beiden Träume seinem Vater Jakob, worauf ihm dieser erwidert: *„Es muss zu seiner Zeit sich dies erfüllen, wenn Israel gar viel erduldet hat"* (Naphtali, 7. Kapitel, Vers 1).

Am Schluss des Naphtalitestamentes wird im 8. Kapitel, Vers 2 – 3, auf das künftige Heil, auf den Messias des auserwählten

Volkes nochmals eindrucksvoll hingewiesen, wenn es heißt: *„Durch Juda geht ja Heil für Israel auf und Jakob wird in ihm gesegnet. Durch seinen Stamm erscheint Gott auf der Erde, er wohnt bei Menschen, um Israels Geschlecht zu retten. Er führt Gerechte aus den Heiden her."*

Ähnliche Textstellen finden wir in den Testamenten von Ruben, Simeon und Gad. So heißt es im Testament von Ruben im 6. Kapitel, Vers 11 – 12:

„In Herzensdemut naht euch Levi, dass Segen ihr aus seinem Mund empfanget! Er selbst wird Israel den Segen spenden und Juda; denn diesen hat der Herr zum Völkerherrscher auserwählt. Vor seiner Stärke sollt ihr niederfallen; er wird für euch in sichtbaren und unsichtbaren Kriegen eintreten und ewig König bei euch sein."

Und im Testament des Simeon heißt es im 7. Kapitel, Vers 1 – 2:

„Nun meine Kindlein, folget Levi wie auch Juda! Erhebt euch niemals gegen diese beiden Stämme! Aus ihnen sprosst euch Gottes Heil. Denn es erweckt der Herr aus Levi einen Hohepriester aus Juda einen König, Gott und Mensch. Er rettet alle Heiden und Israels Geschlecht. Deshalb geb ich euch die Befehle, dass ihr sie euren Kindern anbefehlet, sie sollen es für ihre Kinder aufbewahren."

Im Testament des Gad wird im 8. Kapitel, Vers 1 – 2 ausgeführt:

„Sagt aber dieses euren Kindern, sie sollen Juda sowie Levi ehren, aus ihnen lässt der Herr für Israel die Rettung kommen."

IX. Das Testament des Levi

Es ist allgemein bekannt, dass sich Gott aus den Söhnen Jakob Levi als Priester wählte und verhieß, dass dieses Amt unter seinen Nachkommen weitervererbt werden sollte. Levi selbst weist in seinem Testament darauf hin, dass ihm diese Verheißung in drei verschiedenen Traumgesichten gegeben wurde. Für uns ist bedeutsam die zeitliche Begrenzung, die das

Priestergeschlecht der Leviten in den 3 Verheißungen erfährt.

So heißt es in der ersten Verheißung im 4. Kapitel, Vers 3 – 4:

„Ein Licht der Weisheit leuchtest du in Jakob, als Sonne giltst du allen Stämmen Israels. Und Segen gibt man Dir und deinem ganzen Stamm, bis dass der Herr in seiner milden Gnade alle Heiden heimsucht, für alle Ewigkeit."

Unzweideutig wird hier ausgesprochen, dass bis auf den Tag des Wirksamwerdens des Christentums das Priestertum beim Stamme Levi bleiben soll.

In der zweiten Verheißung wird im 5. Kapitel, Vers 2 ausgeführt:

„Dir, Levi, gebe ich die Segnungen des Priesteramtes, bis dass ich komme und bleib inmitten Israels."

Auch hier haben wir wieder die zeitliche Begrenzung, die in der Ankunft des Messias zu sehen ist. Der zweite Teil der Verheißung liegt noch in der Zukunft, denn seine Erfüllung ist abhängig von der noch zu treffenden schicksalsträchtigen Entscheidung des jüdischen Volkes.

In der dritten Verheißung wird gesagt, dass dem Stamme Levi drei Ämter zufallen. Das erste Amt gilt als das größte Amt überhaupt und muss offensichtlich das Prophetenamt sein. Das zweite Amt wird im Priestertum bestehen. Vom dritten Amt heißt es im 8. Kapitel, Vers 14 – 15:

„Das dritte trägt dann einen neuen Namen; es steht aus Juda ja ein König auf und schafft ein neues Priestertum für alle Heiden nach der Heiden Art. Und seine Ankunft wird begehrt, gleichwie die eines Gottesmannes vom Stamme unseres Vaters Abraham."

Diese klaren Worte lassen keinen Zweifel aufkommen. Hier ist das Christentum als drittes Amt ganz deutlich bei seinem Namen genannt. Seine Ankunft ist im jüdischen Volk noch nicht gegeben, aber dass sein Kommen vom jüdischen Volke begehrt wird, ist sehr deutlich verheißen.

Um es vorsichtig anzudeuten, sei vermerkt, diese Prophezeiung ist dann in Erfüllung gegangen, wenn künftige Priestergeschlechter im jüdischen Volk den Schöpfergott auch im erschienenen Messias verehren und anbeten werden.

Zusätzlich zu diesen 3 Verheißungen finden wir im Testament des Levi schonungslose Voraussagen über die Schuldenlast, die sich das jüdische Volk durch seine Versündigung am Welterlöser aufbürden wird.

Für den Zweck dieser Ausarbeitung ist es wichtig festzuhalten, dass das Testament des Levi bei diesen anklagenden Voraussagen nicht stehen bleibt, sondern zu weiteren Prophezeiungen vorstößt, die die abermalige Heimsuchung aber auch die daran anschließende und verheißene Rückkehr in ihr Land sowie die gnadenvolle Aufnahme durch ihren Gott und Messias beinhalten. So heißt es im 10. Kapitel, Vers 2 – 4:

„So bin ich (Levi) *ohne Schuld an eurem Frevelsinn und eurer Sünde, die ihr am Schluss der Zeiten tut; wo ihr am Welterlöser euch versündigt, sie leitet Israel irr und bringt vom Herrn ihm große Übel. So handelt ihr an Israel gar gottlos; Jerusalem hält's nicht mehr aus ob eurer Schlechtigkeit; und es zerreißt der Vorhang in dem Tempel, so dass er eure Schande nicht mehr hüllt. Dann kommt ihr zu den Heiden als Gefangene, verfallt dem Schimpf, dem Fluch.“*

Im 16. Kapitel, Vers 3 – 5 sind die Prophezeiungen noch unmittelbarer auf den Messias bezogen, wenn es heißt:

„Ein Mann, der das Gesetz erneuert in des Höchsten Kraft, der heißt bei ihnen ein Verführer und wird zuletzt im Hass getötet. Sie kennen nimmer seine Würde; so lassen sie unschuldig Blut auf eure Häupter kommen, und euer Heiligtum wird seinetwegen öde, bis auf den Grund entweiht. Dann habt ihr keine reine Stätte mehr. Doch bei den Heiden werdet ihr dem Fluch verfallen und der Zerstreuung, bis dass er abermals euch heimsucht und euch in Gnade aufnimmt durch ***Glauben und durch Wasser.“***

Im 17. Kapitel, Vers 10 heißt es: *„Sie kehren in der fünften Woche heim in ihr verwüstet Land, erneuern hier das Haus des Herrn.“*

Auch das Testament des Asser enthält in anderen Worten die gleichen Prophetien. So heißt es im 7. Kapitel, Vers 3 – 7:

„Er selber kommt gleich wie ein Mensch, mit Menschen essend, trinkend. Und Er zerschellt ***das Drachenhaupt im Wasser****.*

Er rettet Israel und alle Heiden. Gott selber spricht in menschlicher Gestalt. Sagt dieses euren Kindern, sie sollen ihm gehorsam sein! Ich las ja in des Himmels Tafeln, dass ihr ihm nicht gehorchen und gottlos an ihm handeln werdet; denn ihr beachtet nicht das göttliche Gesetz, nur menschliche Gebote, verderbt durch Frevelsinn. ***Deswegen werdet ihr zerstreut wie meine Brüder Gad und Dan und sollet euer Land und euren Stamm und eure Sprache nicht mehr kennen.*** *Der Herr wird euch in Treue sammeln, er bietet euch ja Gnade an um Abrahams, Isaaks und Jakobs Willen."*

Es wird den Leser sicher recht nachdenklich stimmen, wenn zum Schluss dieser Ausarbeitung daran erinnert wird, dass sämtliche Prophezeiungen bis auf die letzte, größte, wichtigste und entscheidendste in Erfüllung gegangen sind.

Wenn dieses Buch dazu beitragen kann, dass auch die letzte, größte, wichtigste und entscheidendste Prophezeiung, die Hinwendung des jüdischen Volkes zu seinem Messias in Herzensreinheit, in Erfüllung geht, dann ist es nicht umsonst geschrieben worden.

Kapitel 3:

Einführung in die Neu-Offenbarungen von Amerika

Das altjüdische Schrifttum enthält in überzeugender Weise eine Vielzahl von Aussagen, die, von verschiedensten Seiten ausgehend, alle in der bedeutsamen Verheißung gipfeln:

Gott verlässt sein auserwähltes Volk, das Volk der Juden, nicht für immer, noch lässt er es ewig in Zerstreuung leben. Sondern eingedenk seines Bundes mit den Erzvätern wird Er sich zum Ende der Zeiten seinem Volke, wenn dieses durch schlimmste Verfolgungen und Vernichtungskampagnen hindurchgegangen ist, wieder zuwenden und wird es wieder versammeln in ihrer alten angestammten Heimat. Es kommt dann das Erbarmen Gottes in der Gestalt des Messias zu ihnen, so dass sie ihre Sünden und die ihrer Väter erkennen. Und haben sie Jesus Christus als ihren Messias angenommen, so wird von dem jüdischen Volk eine weltweite Mission eines erneuerten Christentums über die ganze Erde ausgehen, bevor das endzeitliche Gericht seinen Anfang nehmen wird (Abraham Apokalypse, 29. Kapitel, Vers 8 - 14 und Testament der zwölf Patriarchen; Dan, 6. Kapitel, Vers 7; Juda, Kapitel 24, Vers 3 - 6; altjüdisches Schrifttum, von Paul Rießler, Filser Verlag, Augsburg, 1928).

Diese Verheißungen des altjüdischen Schrifttums werden durch die Auslegung des 9. Kapitels der Offenbarung des Johannes durch Carl Adolf Dannfald an einer entscheidenden Stelle vertieft und verdeutlicht. So berichtet die Dannfaldsche Exegese bis in viele Einzelheiten hinein über das furchtbare Schicksal des jüdischen Volkes während der nationalsozialistischen Zeit. Es ist naheliegend, aufzuzeigen, inwieweit die Dannfaldsche Auslegung auch durch andere Offenbarungen, die bis in die jüngsten Zeiten hineinreichen, eine weitere Bestätigung erfährt.

In der Auseinandersetzung und der Beschäftigung mit den Neu-Offenbarungsschriften galt es zunächst, ein bedeutsames äußerliches Hindernis hinwegzuräumen. Behaupten doch die großen christlichen Kirchen, es gebe heutzutage keine weiteren Offenbarungen mehr, diese hätten mit den Aposteln aufgehört und würden sich nicht mehr wiederholen. Diese kirchlichen Aussagen können nur an Hand von Neu-Offenbarungen widerlegt werden, die sich in aller Öffentlichkeit in der Anwesenheit vieler Zeugen ereignet haben. Auf der Suche nach solchen Kundgebungen stieß der Verfasser zunächst auf das Buch Mormon, das von Joseph Smith ins Englische übersetzt wurde und dessen Urfassung auf gravierten goldenen Platten von drei und später von acht Zeugen gesehen wurde. Diese Zeugen haben ein öffentliches Zeugnis für die Echtheit der Gravierungen auf den Platten abgegeben. Hierzu schreibt Berrett unter dem Titel „Seine Kirche wieder hergestellt", Frankfurt, Verlag der Kirche, 1972, S. 51 – 55:

„Jeden Tag wird vor Gericht Wahrheit festgestellt, und zwar durch die Aussage von Zeugen. Auch wenn es oft angebracht erscheint, möglichst viele Zeugen beizubringen, genügt doch manchmal schon das Zeugnis eines einzelnen, wenn er aufrichtig und glaubwürdig ist.

Die Aussage von zwei oder drei Zeugen – sofern sie in den wesentlichen Punkten ganz übereinstimmen – kann wohl kaum erschüttert oder übergangen werden. Joseph Smith verkündete einer staunenden Welt, dass er mit Hilfe des Herrn das Buch Mormon übersetzt habe, und zwar von den Inschriften auf einem Satz metallener Platten, die aussahen wie Gold und ihm zu diesem Zweck von einem Engel übergeben worden waren. Das ist eine kühne Behauptung, und so fragen wir uns: ‚Gibt es Zeugen, die bestätigen können, dass dies wahr ist? Haben auch andere den Engel gesehen?'

Wir brauchen nur das Buch Mormon aufzuschlagen, und da finden wir nicht nur solche Zeugen namentlich genannt, sondern auch ihre schriftliche Aussage, so dass alle Welt sie sehen kann. Von Anfang an wird diese Aussage gedruckt, und nie ist sie von einem derer, die sie unterschrieben haben, geändert oder gar widerrufen worden. Und dies immerhin angesichts der Tatsache, dass sämtliche Zeugen noch viele Jahre lebten, nachdem die Aussage zum ersten Mal veröffentlicht wurde, und besonders angesichts der Tatsache, dass sechs von den elf Zeugen, deren Namen genannt sind, die von ihnen mitbegründete Kirche verlassen haben oder exkommuniziert worden sind. Es gibt in der Religionsgeschichte kein Dokument, das durch eine Reihe von Zeugen in ähnlicher Weise verbürgt wäre – mit derart genauer Übereinstimmung in den einzelnen Aussagen ...

... Von der Begebenheit, die von den drei Zeugen erwähnt wird, schreibt Joseph Smith in seinem Tagebuch, sie sei unmittelbar, nachdem er die Übersetzung beendet hatte, geschehen. Er sagt: ‚Martin Harris, David Whitmer, Oliver Cowdery und ich verabredeten, in den Wald zu gehen und zu versuchen, mit demütigem, heißem Gebet die Erfüllung jener Verheißung zu erlangen, die in einer Offenbarung gegeben worden ist, dass sie die Platten sehen dürften. Wir wählten daher ein Waldstück aus, nahe bei Mr. Whitmers Haus gelegen, und dorthin zogen wir uns zurück. Wir knieten nieder und fingen an, mit starkem Glauben zum mächtigen Gott zu beten, Er möge uns die Erfüllung jener Verheißung gewähren. Den vorherigen Vereinbarungen gemäß, begann ich, laut zum Vater im Himmel zu beten, und darauf folgte jeder der übrigen nacheinander. Wir erhielten aber beim ersten Versuch keine Antwort, noch eine Kundgebung göttlicher Gunst uns gegenüber. Abermals hielten wir die gleiche Ordnung beim Beten ein, und der Reihe nach rief jeder Gott an und betete inbrünstig, aber wiederum mit dem gleichen Ergebnis wie zuvor.

Nachdem wir also zum zweiten Mal Misserfolg hatten, machte Martin Harris den Vorschlag, er wolle sich von uns zurückziehen, denn er glaubte, wie er selbst ausdrückte, dass seine Anwesenheit der Grund dafür sei, dass wir nicht erhielten, was wir wünschten. Dementsprechend ging er von uns weg, und wir knieten abermals nieder; und wir hatten uns erst ein paar Minuten ins Gebet vertieft, als wir in der Luft über uns unvermittelt ein Licht von außerordentlicher Helligkeit wahrnahmen, und siehe, ein Engel stand vor uns. In den Händen hielt er die Platten, worum wir gebetet hatten, sie sehen zu dürfen. Er wendete die Seiten eine nach der anderen um, so dass wir sie betrachten und die Gravierung darauf deutlich erkennen konnten. Dann wandte er sich zu David Whitmer und sagte: ‚David, gesegnet ist der Herr, und gesegnet ist, wer Seine Gebote hält.' Unmittelbar darauf hörten wir eine Stimme aus dem hellen Licht über uns sagen: ‚Diese Platten sind durch die Macht Gottes offenbart worden, und sie sind mit der Macht Gottes übersetzt worden. Die Übersetzung, die ihr davon gesehen habt, ist richtig, und ich gebiete euch, von dem, was ihr jetzt seht und hört, Zeugnis zu geben.'

Ich verließ nun David und Oliver und begab mich auf die Suche nach Martin Harris. Ich fand ihn in beträchtlicher Entfernung, inbrünstig ins Gebet vertieft. Er sagte mir aber kurz darauf, er habe dem Herrn noch nichts abringen können, und ich solle mit ihm zusammen beten, damit auch er die Segnungen empfange, deren wir soeben teilhaftig geworden seien. So beteten wir also gemeinsam und erhielten schließlich unseren Wunsch erfüllt; denn ehe wir noch zu Ende waren, eröffnete sich dieselbe Vision auch unserem Blick oder wenigstens meinem Blick, und ich sah und hörte dasselbe wie zuvor; Martin Harris aber rief im gleichen Augenblick, offenbar in höchstem Entzücken, aus: ‚Genug, genug! Meine Augen haben gesehen, meine Augen haben gesehen!' Er sprang auf und rief ‚Hosianna', lobte Gott und tat in allem seine übergroße Freude kund.

In den darauffolgenden Jahren der Prüfung und Verfolgung standen diese drei Männer alle außerhalb der Kirche, voll Bitterkeit gegen sie oder ihre Führer. Keiner von ihnen ging je von seinem obigen Zeugnis ab, obwohl es Gelegenheit genug gegeben hätte und man sie gern dazu verleiten wollte. Drei kurze Begebenheiten sind kennzeichnend für die Treue, womit sie an ihrer ursprünglichen Aussage festhielten. Einige Zeit nachdem Oliver Cowdery die Kirche verlassen hatte, wurde er, der Jura studiert hatte, Staatsanwalt in einem Kreis des Staates Michigan. Im Verlauf eines Mordprozesses forderte der Strafverteidiger ihn mit folgenden Worten heraus: ‚Hohes Gericht, meine Herren Geschworenen: Ich fordere Herrn Cowdery, der angeblich so viel über den armen Angeklagten weiß, auf, er soll uns etwas über seine Verbindung mit Joe Smith erzählen und wie die Mormonenbibel aus dem Hügel ausgegraben worden ist und wie Herr Cowdery diesem Joe Smith geholfen hat, das amerikanische Volk um eine Menge Geld zu betrügen, indem sie die Mormonenbibel verkauft und herumerzählt haben, ihnen sei ein Engel des Himmels erschienen, in weiße Gewänder gekleidet.' Als die Reihe an Oliver Cowdery kam, seine Entgegnung vorzubringen, erhob er sich mit ruhiger Würde und sagte mit klarer Stimme: ‚Euer Ehren, meine Herren Geschworenen: Der Anwalt der Gegenseite hat mich aufgefordert, meine Verbindung mit Joseph Smith und dem Buch Mormon klarzustellen, und da ich mich jetzt dieser Aufforderung nicht entziehen kann, muss ich Ihnen bekennen, dass ich derselbe Oliver Cowdery bin, dessen Name mit anderen zusammen unter dem Zeugnis steht, womit das Erscheinen des Engels Moroni bekundet worden ist; und ich will Ihnen sagen: Nicht wegen meiner guten Taten bin ich hier, fern von der Gemeinde der Mormonenkirche, sondern weil ich die Bündnisse gebrochen habe, die ich einstmals geschlossen habe. Ich bin von der Kirche ausgeschlossen worden, aber, meine Herren Geschworenen, ich habe niemals mein Zeugnis verleugnet, das dem Buch Mormon beigegeben ist, und ich bezeuge Ihnen, dass ich mit diesen Augen den Engel gesehen, dass ich mit diesen Ohren die Stimme des Engels gehört habe, er hat uns mitgeteilt, dass sein Name Moroni sei, dass das Buch wahr sei und die Fülle des Evangeliums enthalte; und wir bekamen auch zu hören: Wenn wir jemals ableugneten, was wir gesehen und gehört haben, dann werde es für uns keine Vergebung geben, weder in dieser noch in der zukünftigen Welt' (Aus der eidesstattlichen Erklärung des Richters C. M. Nielson aus Utah, datiert vom 3. Dezember 1909).

Edward Stevenson, der in späteren Jahren viel dazu beigetragen hat, dass Martin Harris 1870 wieder der Kirche beigetreten ist, erzählt über ihn folgendes:, Einmal bemühten sich ein paar von seinen alten Bekannten, ihn betrunken zu machen, und so spendierten sie ihm Wein. Als er ihrer Meinung nach so richtig gesprächig geworden war, stellten sie ihm sehr sorgfältig die folgende Frage: ‚Weißt du, Martin, wir möchten, dass du uns einmal ganz offen und aufrichtig erzählst, was es mit all dem Gerede auf sich hat, du habest einen Engel gesehen und auch die goldenen Platten des Buches Mormon. Wir haben dich immer für einen ehrlichen und guten Farmer und Nachbarn gehalten, aber wir können nicht glauben, dass du einen Engel gesehen hast. Wie ist das nun Martin: Glaubst du wirklich, dass du im wachem Zustand einen Engel gesehen hast?'

,Nein', sagte Martin Harris, das glaube ich nicht.'

Die Leute hörten das mit Begeisterung, aber bald schwenkte die Stimmung um, als Martin, seiner heiligen Pflicht getreu, sagte: ,Meine Herren, was ich gesagt habe, ist wahr, und zwar weil ich es nicht glaube, sondern weiß. Ich will euch sagen: So wahr der Herr lebt, weiß ich, dass ich mit dem Propheten Joseph Smith in der Gegenwart des Engels gestanden habe, und es war am hellen Tag.'

Am 7. September 1878 – 39 Jahre nachdem David Whitmer das Zeugnis für das Buch Mormon unterschrieben hatte – wurde er von Orson Pratt und Joseph F. Smith in seinem Haus in Richmond, Missouri, besucht. Unter anderem sagte er, um die Geschichte des Buches Mormon zu bekräftigen:

,Es war im Juni 1829 (wo wir die Platten gesehen haben), gegen Ende des Monats, und die acht Zeugen sahen sie, glaube ich, am nächsten oder übernächsten Tag. Ihnen zeigte Joseph selbst die Platten, aber uns wurden sie vom Engel gezeigt. Ich habe sie so deutlich gesehen, wie ich dieses Bett sehe, und habe die Stimme des Herrn so klar gehört, wie ich je in meinem Leben etwas vernommen habe, und Er hat uns verkündet, dass die Berichte auf den Platten des Buches Mormon durch die Gabe und Macht Gottes übersetzt worden sind.'

Oliver Cowdery kehrte 1848 zur Kirche zurück ...

... Mitten in seiner ergreifenden Rede in Kanesville (heute Council Bluffs), Iowa, am 21. Oktober 1848 bekundete er: ,Mit eigenen Augen gesehen und in meinen eigenen Händen gehalten habe ich die Platten, von denen es (das Buch Mormon) übertragen worden ist. Ich habe auch die "heiligen Übersetzer" selbst gesehen und mit meinen Händen angefasst. Das Buch ist wahr.'

Im Januar 1849 verstarb er während eines letzten Besuches bei seinem Freund David Whitmer.

David Whitmer beendete seine Erdentage in Richmond, Missouri, ohne die Mitgliedschaft in der Mormonenkirche wieder aufgenommen zu haben. Aber er verleugnete niemals sein Zeugnis. Um alle Behauptungen zu widerlegen, er habe sein ursprüngliches Zeugnis widerrufen, schrieb er in hohem Alter ein bemerkenswertes Traktat mit dem Titel „An alle, die an Christus glauben", worin er ausführt: ‚In der American Encyclopedia und in der Encyclopedia Britannica steht zu lesen, ich, David Whitmer, hätte als einer der drei Zeugen dafür, dass das Buch Mormon von Gott ist, mein Zeugnis geleugnet; und auch die anderen beiden Zeugen, Oliver Cowdery und Martin Harris, hätten ihr Zeugnis von dem Buch geleugnet. Ich sage es noch einmal allen Menschen, dass ich mein Zeugnis weder ganz, noch teilweise zu irgendeiner Zeit widerrufen habe. Ich bezeuge der Welt ferner, dass weder Oliver Cowdery noch Martin Harris jemals ihr Zeugnis geleugnet haben. Beide haben vor ihrem Tod abermals bestätigt, dass das Buch Mormon von Gott ist...'

So bemerkenswert und überzeugend die Aussage der drei Zeugen über den göttlichen Ursprung und die Übersetzung des Buches Mormon auch ist, sie wird noch ergänzt durch das Zeugnis von acht weiteren Männern. Die acht Zeugen bekamen die Platten in einem kleinen Gehölz in der Nähe des Smithschen Hauses bei Palmyra gezeigt. Das war zwei oder drei Tage, nachdem die drei Zeugen ihr Erlebnis in Fayette gehabt hatten... Von den acht Männern, deren Unterschrift unter der Erklärung im Buch Mormon steht, sind fünf als Mitglieder der von Joseph Smith gegründeten Kirche gestorben, nämlich Christian Whitmer, Peter Whitmer, Joseph Smith sen., Hyrum Smith und Samuel H. Smith.

Die übrigen drei – Jacob Whitmer, John Whitmer und Hyrum Page – wandten sich von der Kirche ab oder wurden in den schweren Tagen von 1838 in Missouri ausgeschlossen. Aber ebenso wie die drei Zeugen blieben auch diese acht bei ihrer Aussage. Keiner hat sie jemals geleugnet oder auch nur im Geringsten abgeändert. Sogar die drei, die sich von der Kirche abwandten und jede Gelegenheit gehabt hätten zu widerrufen, taten dies nicht; im Gegenteil, sie verkündeten wiederholt, dies sei die nüchterne Wahrheit, und sie starben, ohne dass sie ihre Aussage geändert oder widerrufen hätten.

John Whitmer, der 1838 von der Kirche ausgeschlossen wurde, hatte einen bitteren Streit mit Joseph Smith und trachtete auf alle mögliche Weise danach, ihn in Mißkredit zu bringen; trotzdem zog er kein einziges Wort seiner beeideten Aussage über die Platten des Buches Mormon zurück.

Die Zeugen des Buches Mormon waren zugleich auch diejenigen, die schon früh Joseph Smiths Bericht über die Platten erfahren und ihm geglaubt hatten. Joseph brauchte Ruhe und Frieden für seine Übersetzung, und deshalb erzählte er nur wenigen Leuten von seinen Erlebnissen. Das ist der Grund, warum die Zeugen hauptsächlich aus den Familien Smith und Whitmer kommen. Auch viele andere, die zwar die Platten selbst nicht untersuchen durften, hatten doch Kenntnis von ihrem Vorhandensein und bezeugten das in Tagebüchern und Briefen. Lucy Smith, des Propheten Mutter, bestätigt die Existenz der Platten und erwähnt die verschiedenen Stellen, wo sie versteckt wurden, ebenso, dass sie den dabei liegenden Brustschild untersucht habe.

Parley P. Pratt spricht in seiner Autobiographie von den Aussagen mehrerer Leute, die das Vorhandensein der Platten bestätigt haben. John Reid bekannte sich zu diesem Wissen und zwar in einer Rede bei der 1844 in Nauvoo abgehaltenen politischen Tagung des Staates. Am 19. Dezember 1843 schrieb Mrs. Martha L. Campbell auf Ersuchen Josiah Stoals einen Brief an Joseph Smith; darin bestätigt Stoal, dass er von der Existenz der Platten gewusst und sie sogar, freilich verpackt, zum Haus der Smiths getragen habe, damals, als Joseph sie zum ersten Mal erhalten hatte.

Heute, weit mehr als hundert Jahre nachdem die Aussagen durch diese Männer gemacht worden waren, sind sie noch immer unwiderrufen und unverändert, trotz aller Angriffe gegen sie."

Zum Abschluss der Zeugenaussagen sei noch ein Bericht von G. B. Hinckley zitiert, der sich mit den Erlebnissen von Martin Harris befasst hat, jenem Harris, den wir als einen der drei Zeugen bereits schon kennengelernt haben.

„Unweit des Smithschen Hauses in New York lebte ein wohlhabender Farmer namens Martin Harris. Joseph Smiths Erlebnisse waren ihm zu Ohren gekommen, und im Gegensatz zu den meisten Leuten in der Nachbarschaft hatte er wohlwollendes Interesse gezeigt. Im Februar 1828 besuchte Martin Harris Joseph Smith. Er bekam die abgeschriebenen Schriftzeichen und einen Teil der Übersetzung zu sehen. Sie interessierten ihn sehr, und er bat darum, sie ausleihen zu dürfen. Joseph Smith gab sie ihm, und er brachte sie in die Stadt New York und legte die Schriftzeichen, die übersetzt worden waren, zusammen mit ihrer Übersetzung seiner eigenen Aussage zufolge dem Professor Charles Anthon vor, einem wegen seiner literarischen Bildung hochberühmten Mann. Professor Anthon erklärte, die Übersetzung sei richtig, und zwar richtiger als alles, was er bisher an Übersetzungen aus dem Ägyptischen gesehen habe. Dann zeigte ich ihm die noch nicht übersetzten Schriftzeichen, und er sagte, es seien ägyptische, chaldäische, assyrische und arabische; er sagte, es seien echte Schriftzeichen. Er gab mir eine Bescheinigung, worin er ... bestätigte, dass es echte Schriftzeichen seien und dass auch die Übersetzung derer, die bereits übersetzt worden waren, richtig sei. Ich nahm die Bescheinigung und steckte sie in die Tasche und wollte gerade das Haus verlassen, als Herr Anthon mich zurückrief und mich fragte, auf welche Weise denn der junge Mann herausgefunden habe, dass an der Stelle, wo er sie gefunden habe, goldene Platten waren. Ich antwortete ihm, dass ein Engel Gottes es ihm offenbart habe. Da sagte er zu mir: ‚Lassen Sie mich doch die Bescheinigung noch einmal sehen!' So nahm ich sie aus der Tasche und gab sie ihm. Er nahm sie, zerriss sie und sagte, so etwas wie Erscheinungen von Engeln gebe es nicht mehr, und wenn ich ihm die Platten brächte, würde er sie übersetzen. Ich teilte ihm mit, dass die Platten teilweise versiegelt seien und es mir verboten sei, sie zu bringen. Er entgegnete: ‚Ein versiegeltes Buch kann ich nicht lesen.' Ich ging von ihm weg zu Dr. Mitchell, der das bekräftigte, was Professor Anthon hinsichtlich der Schriftzeichen und der Übersetzung gesagt hatte.' Als Professor Anthon Jahre danach von einem erklärten Gegner Joseph Smiths wegen jener Angelegenheit angesprochen wurde, leugnete er, sich je bestätigend über die Schrift-

zeichen oder deren Übersetzung geäußert zu haben. Jedoch bleibt die Tatsache bestehen, dass Martin Harris von dem Gespräch so beeindruckt war, dass er zu Joseph Smith und unmittelbar danach nach Palmyra zurückkehrte, wo er seine geschäftlichen Angelegenheiten in Ordnung brachte, um bei der Übersetzung mithelfen zu können.

Am 12. April 1828 kehrte er nach Harmony zurück. Die Übersetzung wurde in Angriff genommen und vorangetrieben, obwohl es häufig zu Unterbrechungen kam. Bis zum 14. Juni 1828 hatte Martin Harris nach Joseph Smiths Diktat bereits 116 Manuskriptseiten niedergeschrieben. Während dieser Zeit war Martin Harris von seiner Frau gebeten worden, das Manuskript nach Hause mitzubringen, damit sie es sehen konnte. Er bat Joseph Smith, ihm das zu gestatten, aber dieser wehrte ab. Martin Harris wollte diese Entscheidung nicht anerkennen und bat weiterhin um Erlaubnis, das Manuskript mitzunehmen, bis es ihm endlich gestattet wurde, unter der Bedingung, dass er es außer seinen unmittelbaren Angehörigen niemandem zeigen dürfe. Er stimmte zu; als er jedoch nach Hause zurückgekehrt war, gab er dem Druck der Neugierigen nach, und das Manuskript wurde ihm offenbar gestohlen.

Joseph Smith erkannte zu spät, dass es ein Fehler gewesen war, das Manuskript aus der Hand zu geben. Er wusste, er hatte einen Fehler gemacht, und er litt große Seelenqual. Dies war ihm eine Lehre, die er nie mehr vergaß; auch Martin Harris vergaß sie nicht, es wurde ihm nämlich nicht wieder gestattet, sich an der Übersetzung zu beteiligen. Der verlorene Teil wurde nicht neu übersetzt, da Joseph Smith damit rechnen konnte, dass seine Feinde die erste Übersetzung ändern und ihn dann öffentlich verhöhnen würden" (Gordon B. Hinckley, „Die Wahrheit wieder hergestellt", Frankfurt, Verlag der Kirche, 1975, S. 19 – 21).

Erwähnenswert ist noch die Tatsache, dass auf Grund des Buches Mormon am 6. April 1830 sechs junge Männer eine religiöse Vereinigung gründeten, die bis 1990 als Kirche Jesu Christi der Heiligen der letzten Tage zwischenzeitlich mehr als 7 Millionen Mitglieder in aller Welt zählt und inzwischen in

Nordamerika als fünft größte Kirchengemeinschaft zahlenmäßig noch vor der evangelisch-lutherischen Kirche rangiert.

Als weitere Neu-Offenbarungsschrift soll das Buch mit dem Titel „**LIBRO DE LA VIDA VERDADERA**" herangezogen werden. In zwölf Einzelbänden sind in ihm die Kundgebungen der spiritualistischen Bewegung von Mexiko in der Zeit von 1866 bis 1950 gesammelt worden. Bis zur gegenwärtigen Zeit gibt es in deutscher Sprache eine zusammenfassende Darstellung aus allen zwölf Einzelbänden, die unter dem Buchtitel „Die Dritte Zeit" im Otto Reichl-Verlag in St.Goar erschienen ist. Außerdem sind von dem gleichen Verlag sechs Bände unter dem Titel „Buch des Wahren Lebens" herausgegeben worden. Sie stellen die deutsche Übersetzung der ersten sechs Bände aus dem 12 Bände umfassenden Gesamtwerk dar. Zur Entstehung und zu den ersten Anfängen der göttlichen Offenbarungen in Mexiko führt der Übersetzer, Walter Meier aus Pforzheim, auf den Seiten 7 – 9 des zweiten Bandes des „Buches des Wahren Lebens" folgendes aus:

„Das große Ereignis, wie es zweifellos die göttlichen Kundgaben darstellen, wurde von Gottes Hand weise vorbereitet. Das ausersehene Werkzeug war Roque Rojas, geboren in der Hauptstadt von Mexiko im Jahre 1812. Er war ein einfacher, frommer Mann, der schon in seinen Jugendjahren den religiösen Dingen zugetan war. Da geschah es in der Nacht des 23. Juni 1861, dass er ein geistiges Gesicht hatte, und eine innere Stimme sprach zu ihm: ‚Roque, du bist der dazu Auserwählte, der starke "Fels Israels" zu sein.'

Von diesem Zeitpunkt an hörte er oft innere Stimmen, deren Sinn er zunächst nicht begriff. Auch geistige Erscheinungen wurden ihm zuteil. Dies alles verwirrte ihn in großem Maße, und er befürchtete, den Verstand zu verlieren. In seiner Verzweiflung bat er die Stimme, die er hörte, ihm zu sagen, wer zu ihm sprach. Und er vernahm deutlich: ‚Gabriel ist es, der zu dir spricht.' Von diesem Augenblick an wurde Roque Rojas innerlich ruhig, denn er wusste nun, von wem die

Stimme kam, und so oft er sie vernahm, konzentrierte er sich, um den Sinn der Worte zu begreifen. Seine Aufgabe war ihm klar geworden, und weisungsgemäß sammelte er gleichgesinnte Männer und Frauen um sich. In einer dieser Versammlungen offenbarte sich der Geist Elias durch den Verstand von Roque Rojas und sagte: ‚Ich bin der Prophet Elia, jener der Verklärung auf dem Berge Tabor.' Er erteilte die ersten Belehrungen an die Anwesenden und eröffnete ihnen, dass die "Dritte Zeit", das Zeitalter des Heiligen Geistes, seinen Anfang nehme. Der Geist Elias war unermüdlich in der Zurüstung der ersten Jünger tätig, so wie er schon in der Zweiten Zeit durch Johannes den Täufer den Weg für Jesus vorbereitete. Am 1. September 1866, inmitten einer zahlreichen Versammlung, salbte Elia durch sein Werkzeug Roque Rojas sieben Gläubige, die an der Spitze der sieben Versammlungsstätten stehen und die sieben Siegel darstellen sollten.

Vermutlich wurde an diesem Tage auch die von Roque Rojas früher empfangene göttliche Offenbarung bekannt gegeben, welche die Gebote Moses, die Lehren Jesu und die Anweisungen Elias in einem einzigen Gesetz mit 22 Geboten vereinigte. – Bei einer früheren Zusammenkunft waren zwölf Männer und zwölf Frauen gesalbt worden, die später als Stimmträger des göttlichen Meisters dienen sollten. Als diese Zeit gekommen war, ruhte der göttliche Strahl zum ersten Mal auf einer jungen Frau namens Damiana Oviedo, als dem auserwählten Werkzeug, durch das Christus sprach.

Alles ereignete sich in großer Einfachheit, gemäß dem göttlichen Willen; der Anfang war bescheiden, infolge der menschlichen Schwächen und Unvollkommenheiten. Aber zu Beginn dieses Jahrhunderts gab es schon mehrere Gemeinden, in denen sich Christus durch auserwählte Werkzeuge kundtat. Diese Personen, Männer und Frauen, wurden von Gott ausersehen und zubereitet, damit sie in geistiger Verzückung als Instrumente für die Kundgabe Seiner Botschaften wirken konnten.

Zwischen den Jahren 1930 und 1950 hatte sich die geistige Lehre gefestigt und in vielen Gemeinschaften in der Hauptstadt und in der ganzen mexikanischen Republik verbreitet. Von der großen Menge kaum beachtet, offenbarte sich Christus in herrlichen Unterweisungen

... Wir müssen bedenken, dass die Botschaften, die dieses Buch enthält, in mehr als 50 verschiedenen Versammlungsstätten empfangen wurden, die über diese Hauptstadt und das ganze Land Mexiko verstreut sind, und dass andererseits besagte Botschaften durch eine große Zahl von Wortvermittlern empfangen worden sind ... Nach Gottes Willen dauerten die Kundgebungen in Mexiko bis zum Jahre 1950, und in den letzten Jahren zuvor wurden die Predigten des göttlichen Meisters mitgeschrieben. Eine Gruppe von treuen Anhängern der Geistesbewegung sammelte die Niederschriften und begann im Jahre 1956 den ersten Band in spanischer Sprache zu veröffentlichen. Im Gesamten umfassen die Unterweisungen heute 12 Bände. Wenn man bedenkt, dass die göttlichen Offenbarungen durch verschiedene Stimmträger in den jeweiligen, zahlreichen Gemeinden kundgetan wurden und die Botschaften in ihrem Sinngehalt voll übereinstimmen, so ist dies eine Bestätigung mehr, dass das Wort, das von den Lippen der Erwählten kam, göttliche Wahrheit ist.

Nach 1950 versammelten sich die Glieder der Gemeinden weiterhin in den verschiedenen Versammlungsstätten, und man verfuhr nach den vom Herrn zuvor gegebenen Weisungen: Man übte die geistige Erhebung durch das stille Gebet, und anschließend wurde eine Unterweisung vorgelesen. Hernach gaben die "Propheten", die die Gabe des geistigen Gesichts hatten, Zeugnis von dem, was der Himmlische Vater ihnen zu schauen gewährte. Andere, mit der Gabe der Intuition ausgerüstet, erläuterten und vertieften verschiedene Themen der vorgelesenen Predigt. Auf diese Weise sollte die Vergeistigung der Glieder gefördert werden. Der Schreiber dieser Zeilen hatte das Glück, im Jahre 1930 nach Mexiko zur beruflichen Weiterbildung zu gehen. Während auf verschiedenen Kriegsschauplätzen das große Völkerringen tobte, kam ich im Jahre 1942 in der Hauptstadt von Mexiko in Kontakt mit den göttlichen Kundgebungen und fühlte mich sofort von ihnen angesprochen. Trotzdem ergründete ich die Botschaften anfangs kritisch, bis ich bald feststellte, dass es echte Offenbarungen des Himmlischen Vaters waren. Ich war dann ein eifriger Zuhörer und persönlicher Zeuge derselben. Es gab eine Zeit, da waren wir eine Gruppe von bis zu 20 Deutschen innerhalb der mexikanischen

Gemeinde, bei der wir Zuhörer waren. Einige der Landsleute zogen sich aber wieder zurück.

Vor elf Jahren, als die Zeit gekommen war, in der ich meine berufliche Tätigkeit in Mexiko zu beenden wünschte, kehrte ich nach Deutschland zurück. Bald danach begann ich mit meinem Freund Traugott Göltenboth den ersten Band in die deutsche Sprache zu übersetzen, um den deutsch-sprechenden Interessenten die gewaltigen Offenbarungen zugänglich zu machen ..."

Zum Abschluss der hier vorgestellten mexikanischen Neu-Offenbarungsschrift soll noch auf eine Tatsache hingewiesen werden, die als nicht unwichtiger Verifikationsbeitrag angesehen werden kann.

Der interessierte Leser der beiden ersten in die deutsche Sprache übersetzten Bände wird zu vielen wiederholten Malen auf die Ereignisse des Neuen Testamentes aber auch des Alten Testamentes hingewiesen. So werden die Geschehnisse in ältester Zeit aber auch zu Lebzeiten des Heilandes in den einzelnen Unterweisungen von den verschiedensten Seiten aus betrachtet, um danach aus einer zum Teil vollkommen neuen Sicht erklärt zu werden. Beeindruckend ist nun die Tatsache, dass der Offenbarungsgeist auf Begebenheiten zurückgreift, die kanonisch nicht aufgezeichnet, sondern bestenfalls – wie im vorliegenden Falle – nur andeutungsweise im Kanon des Neuen Testamentes zu finden sind. Gemeint ist der Schicksalsgang des Apostels Petrus, der im 21. Kapitel, Vers 18 –19 des Johannesevangeliums durch Jesus mit den Worten angekündigt wird:

„Wahrlich, wahrlich, ich sage dir: ‚Als du jünger warst, gürtetest du dich selbst und wandeltest, wo du hin wolltest, wenn du aber alt wirst, wirst du deine Hände ausstrecken, und ein anderer wird dich gürten und führen, wo du nicht hin willst.' Das sagte er aber, zu zeigen mit welchem Tode er Gott preisen würde" (Württbg. Bibelanstalt, Stuttgart, 1963).

In der Unterweisung 25 auf Seite 284 des ersten Bandes des „Buches des Wahren Lebens" kommt der Messias auf die

Begebenheiten mit Petrus mit folgenden Worten zu sprechen:

„Als in der Zweiten Zeit meine Apostel sich über die Welt hin verstreuten, hatte Petrus Augenblicke des Kleinmuts angesichts der Verfolgungen, der Grausamkeit und der Härte der Menschen, und als er aus Rom fliehen wollte, um sein Leben zu retten, sah er die Gestalt Jesu, welcher das Kreuz auf den Schultern tragend sich auf die heidnische Stadt zubewegte. Petrus fragte seinen Meister: ‚Wohin gehst Du, Herr?' Worauf Jesus antwortete: ‚Ich will von neuem für euch sterben!' Schluchzend bot Petrus seinem Herrn an, wieder in den Schoß der Sünder zurückzukehren, um sie zu retten, selbst auf Kosten seines Blutes und seines Lebens, um gleich seinem Meister zu sterben."

In der Petrus-Akte heißt es hierzu:

„Als sie aber (Albinus und Agrippa) hierüber berieten, erfuhr Xantippe von dem Rat ihres Mannes an Agrippa, und sie schickte hin und ließ dem Petrus mitteilen, er solle sich aus Rom fortbegeben. Auch die übrigen Brüder samt Marzellus baten ihn, wegzugehen. Petrus aber sprach zu ihnen: ‚Sollen wir davonlaufen, Brüder?' Sie aber sagten zu ihm: ‚Nein! (So darfst du es nicht ansehen.) Sondern (Wir geben dir diesen Rat) in der Meinung, dass du (falls du fliehst) noch (anderwärts) dem Herrn dienen kannst.' Er gab aber den Brüdern (schließlich) recht und zog fort, allein (ohne Begleiter), und sagte: ‚Keiner von euch soll mit mir fortziehen, sondern ich mache mich allein auf den Weg, nachdem ich (um auf der Flucht nicht erkannt zu werden) mein äußeres Aussehen verändert habe.' Als er aber zum Stadttor hinausging, sah er den Herrn nach Rom hineingehen. Und als er ihn erblickte, sagte er: ‚Herr, wohin unter diesen Umständen?' Und der Herr sprach zu ihm: ‚Ich gehe nach Rom hinein, um gekreuzigt zu werden (mich kreuzigen zu lassen)!' Petrus sagte zu ihm: ‚Herr, erneut wirst du gekreuzigt?' Und er sprach zu ihm: ‚Jawohl, Petrus, erneut werde ich gekreuzigt.' Und Petrus ging (beschämt) in sich und sah (danach) den Herrn zum Himmel aufsteigen. Darauf kehrte er nach Rom zurück, war voller Jubel und pries den Herrn, weil er selbst (ihm) gesagt hatte: ‚Ich werde gekreuzigt', was mit Bezug auf Petrus (dann auch) eintreten sollte" (Wilhelm Michaelis, Die apokryphen Schriften zum Neuen Testament, Carl Schünemann Verlag, Bremen, 1956).

Es ist vollkommen unwahrscheinlich und außerhalb jeder normalen Betrachtungsweise, wenn angenommen werden sollte, dass irgendwelche mexikanischen Stimmträger, also gläubige Menschen in Mexiko, jemals in ihrem Leben etwas von den apokryphen Petrus-Akten in Erfahrung gebracht haben sollten. Stattdessen ist es für jedermann geradezu verblüffend und äußerst beeindruckend, die vollkommene Übereinstimmung in der Schilderung der damaligen Ereignisse feststellen zu müssen. Offensichtlich ist es doch so, dass diese Ereignisse in die geistige Welt eingetragen worden sind und heute nach 2000 Jahren noch ebenso präsent sind wie zu dem Zeitpunkt, zu dem sie geschehen sind. Dabei nimmt die geistige Welt offenbar keinerlei Notiz von den menschlichen Entwicklungen bzw. Fehlentwicklungen und Entscheidungen seit dieser Zeit. Wenn also durch den religionsgeschichtlichen Gang die Petrus-Akten aus dem neutestamentarischen Kanon entfernt, bzw. gar nicht erst aufgenommen wurden, so müssen dennoch alle Menschen erkennen, dass diese Ereignisse – ebenso wie die Christuserscheinung des Paulus vor Damaskus – tatsächlich stattgefunden haben. Hier wird also ein Beweis vorgelegt für den Wahrheitsgehalt nicht nur der mexikanischen Neu-Offenbarungsschrift, sondern zugleich auch für einen solchen der Petrus-Akten. Schließlich wird die Echtheit der hier vorgestellten Neu-Offenbarungen auch dadurch belegt, dass in ihnen das Gebot der Nächstenliebe im Zentrum der gesamten Glaubenslehre steht, wodurch letztlich die Lehren des Neuen Testamentes nur verdeutlicht und erklärt werden.

I. Die Prophezeiungen des Buches Mormon

Wer das Buch Mormon auf die verschiedensten Voraussagen hin untersucht, wird bald herausfinden, dass sich diese auf vier verschiedene Menschengruppen beziehen. Bevor mit den Offenbarungen in bezug auf das jüdische Volk begonnen werden kann, ist es unerlässlich, zunächst die vier verschiedenen Menschengruppen vorzustellen.

Da ist zum ersten der „Überrest des Hauses Jakob“. Damit ist die Gruppe der präkolumbianischen Bevölkerung Amerikas gemeint, auf die Christoph Kolumbus bei seiner Landung in Amerika stieß und die er als Indianer bezeichnete. Diese Menschengruppe gibt es bis auf den heutigen Tag und mit ihrem vergangenen und zukünftigen Schicksal beschäftigt sich das Buch Mormon ausführlich. Es behauptet, dass diese Personengruppe etwa 600 Jahre vor Christus aus Jerusalem ausgewandert sei und von Joseph, dem nach Ägypten verschleppten Sohn des Erzvaters Jakob, abstamme.

Desweiteren wird von den Nichtjuden gesprochen, die sich zu einem viel späteren Zeitpunkt in Amerika ansiedelten und sich mit den Indianern auseinandersetzen mussten. Dann gibt es, drittens, die Gruppe der Nichtjuden weltweit und allgemein, die insoweit angesprochen wird, als sie mit der Lehre Jesu Christi in Verbindung gebracht und diese annehmen bzw. unbeachtet lassen oder gar verwerfen wird. Letztlich gibt es das Haus Israel, das oft mit der Kurzbezeichnung – Juden – angesprochen wird und mit dessen Schicksalsgang sich das Buch Mormon am intensivsten beschäftigt. Es ist naheliegend und trifft auch zu, dass der Schicksalsgang der gesamten Menschheit die genannten Gruppen in stärkste Beziehungen zueinander bringt. So interessant es auch sein mag, den Prophezeiungen insgesamt nachzugehen, so soll doch getreu der gestellten Arbeitsaufgabe, hier nur von dem prophezeiten Schicksalsgang des jüdischen Volkes berichtet werden.

Die meisten der jüdischen Prophezeiungen stehen am Anfang

des Buches Mormon und werden zum Schluss hin in wesentlicher Vertiefung und Ergänzung nochmals wiederholt, nachdem Jesus Christus auch in Amerika erschienen ist und dort der Urbevölkerung sein Evangelium gelehrt hat.

So erstrecken sich die die Juden betreffenden Voraussagen über das gesamte Buch Mormon. Am Anfang steht die Prophezeiung von Lehi, dem Stammvater, der mit seiner Familie zu Zeiten König Zedekias (597 –587 vor Christus) Jerusalem auf Weisung Gottes verließ. Die Prophezeiung teilte jener Lehi seinem Sohne Nephi mit, nachdem sie sich zunächst nicht sehr weit von Jerusalem entfernt hatten und in einem unbewohnten Tale in Zelten lebten. Lehi sagte zu seinem Sohn Nephi:

„Es muss geschehen, dass wir einhellig in das Land der Verheißung (gemeint ist Amerika) *geführt werden, um das Wort des Herrn zu erfüllen, dass wir über die ganze Erde zerstreut werden würden. Und nachdem das Haus Israel zerstreut worden sei, würde es wieder gesammelt werden, oder nachdem die Nichtjuden die Fülle des Evangeliums erhalten hätten, würden die natürlichen Zweige des Ölbaumes oder die Überreste des Hauses Israel endlich eingepfropft werden oder zu der Erkenntnis des wahren Messias, ihres Herrn und Erlösers, gelangen"* (1. Nephi, 10, 13 - 14, Buch Mormon, 15. Auflage, Frankfurt, 1967).

Es ist auffallend, dass die Überreste des Hauses Israel mit den natürlichen Zweigen eines Ölbaumes verglichen werden. Offensichtlich kannte Lehi die Offenbarungen des alttestamentarischen Propheten Zenos, die leider beim jüdischen Volk nicht mehr auffindbar sind. Um so wertvoller ist die Tatsache, dass der jüngere Bruder des eben genannten Nephi die wichtigsten Prophezeiungen des Propheten Zenos ausführlich darstellt. So heißt es zum Anfang des 5. Kapitels des Buches Jakob:

„Sehet, meine Brüder, erinnert ihr euch nicht, die Worte des Propheten Zenos gelesen zu haben, die er zum Hause Israel redete, als er sprach: ‚Horche, o Haus Israel, und höre auf meine Worte, die Worte eines Propheten des Herrn.' Denn sehet, so spricht der Herr, ich will dich, o Haus Israel, mit einem edlen Ölbaum vergleichen, den ein Mann nahm und in seinem Weinberg pflegte, und er wuchs und

wurde alt und fing an zu verdorren. Und der Herr des Weinberges kam heraus und fand, dass sein Ölbaum anfing zu verdorren; und er sagte: , Ich werde ihn beschneiden und um ihn herum graben und ihn düngen, dass er vielleicht zarte, junge Zweige hervor treibe und nicht verderbe.' Er beschnitt ihn und grub um ihn herum und düngte ihn, wie er gesagt hatte.

Und nach vielen Tagen schossen einige junge zarte Zweige hervor, aber sehet, die Krone fing an zu verdorren. Der Herr des Weinberges sah es und sagte zu seinem Diener: ,Es betrübt mich, dass ich diesen Baum verlieren soll; gehe daher und pflücke die Zweige eines wilden Ölbaumes und bringe sie her zu mir, und wir werden jene Hauptzweige, die anfangen zu verderben, abbrechen und ins Feuer werfen, dass wir sie verbrennen.' Und siehe, sagte der Herr des Weinberges, ich nehme viele von diesen jungen und zarten Zweigen hinweg und werde sie einpfropfen, wo es mir gefällt; und wenn auch die Wurzel dieses Baumes verdorren sollte, so kann ich doch seine Frucht für mich bewahren; daher will ich diese jungen und zarten Zweige nehmen und sie einpfropfen, wo auch immer es mir gefällt.

Nimm die Zweige des wilden Ölbaumes und pfropfe sie an ihre Stelle ein; und die ich abgebrochen habe, werde ich ins Feuer werfen und verbrennen; damit sie den Boden meines Weinberges nicht versperren.'

Der Diener des Herrn des Weinberges tat, wie sein Herr ihm gesagt hatte und pfropfte die Zweige des wilden Ölbaumes ein. Und der Herr des Weinberges ließ diesen umgraben, beschneiden und düngen und sagte zu seinem Diener: ,Es betrübt mich, dass ich diesen Baum verlieren soll; deshalb habe ich dies getan, dass ich vielleicht die Wurzeln für mich erhalte; dass sie nicht umkommen.

Darum gehe deines Weges, wache über den Baum und dünge ihn wie ich gesagt habe.

Diese aber will ich in den untersten Teil meines Weinberges pflanzen, wohin auch immer ich will, und es kümmere dich nicht; und ich tue es, damit ich die natürlichen Zweige des Baumes für mich bewahre; und damit ich auch die Früchte davon für mich für die rechte Jahreszeit aufspeichere, denn es betrübt mich, dass ich diesen Baum und seine Frucht verlieren soll.'

Und der Herr des Weinberges ging seines Weges und verbarg die natürlichen Zweige des edlen Ölbaums in den untersten Teilen des Weinberges, einige hier und einige dort, nach seinem Willen und Wohlgefallen.

Und eine lange Zeit verging, bis der Herr des Weinberges zu seinem Diener sagte: ,Komm, lass uns in den Weinberg hinuntergehen, dass wir darin arbeiten.' So ging der Herr des Weinberges mit seinem Diener hinunter in den Weinberg, um zu arbeiten. Und der Diener sagte zu seinem Herrn: ,Siehe her; schaue den Baum an.' Und der Herr des Weinberges sah und erblickte den Baum, in den die wilden Ölzweige eingepfropft worden waren; und er war aufgeschossen und hatte angefangen, Frucht zu tragen. Und er sah, dass sie gut war, und sie war die natürliche Frucht. Und er sagte zum Diener: ,Siehe, die Zweige des wilden Ölbaums haben vom Saft der Wurzel in sich gesogen, und die Wurzel hat viel Kraft hervorgebracht; und wegen der großen Stärke der Wurzel haben die wilden Zweige edle Früchte getragen. Wenn wir nun diese Zweige nicht eingepfropft hätten, wäre der Baum umgekommen. Und siehe nun, ich werde die vielen Früchte, die der Baum hervorgebracht hat, aufspeichern und sie bis zur rechten Jahreszeit für mich weglegen.' Und der Herr des Weinberges sagte zum Diener: ,Komm, lass uns in den untersten Teil des Weinberges gehen und sehen, ob die natürlichen Zweige des Baumes nicht auch viel Frucht hervorgebracht haben, damit ich von der Frucht für die rechte Jahreszeit für mich aufspeichere.' Sie gingen auch dorthin, wo der Herr die natürlichen Zweige des Baumes verborgen hatte, und er sagte zum Diener: ,Siehe diese'; und er sah, dass der erste viel Frucht hervorgebracht hatte; und er sah auch, dass sie gut war. Und er sagte zum Diener: ,Nimm von der Frucht und speichere sie bis zur rechten Jahreszeit auf, damit ich sie für mich bewahre, denn siehe', sagte er, ,ich habe ihn so lange gepflegt, und er hat viele Früchte hervorgebracht.'

Und der Diener sagte zu seinem Herrn: ,Wie kommt es, dass du diesen Baum oder den Zweig dieses Baumes hierher gepflanzt hast? Denn siehe, es war der ärmste Fleck im ganzen Weinberg.'

Der Herr des Weinberges aber sagte zu ihm: ,Rate mir nicht; ich wusste, dass es ein armer Fleck Erde war, daher sagte ich zu dir, dass ich ihn diese ganze lange Zeit hindurch gepflegt habe, und du siehst, dass er viele Früchte hervorgebracht hat...' Und er sagte zum Diener: ,Siehe da und betrachte den letzten! Siehe, diesen habe ich in guten Boden gepflanzt; und ich habe ihn diese lange Zeit gepflegt, und nur ein Teil des Baumes hat edle Frucht hervorgebracht, und der andere Teil des Baumes hat wilde Frucht getragen; siehe, ich habe diesen Baum gepflegt wie die anderen.'

Und der Herr des Weinberges sagte zum Diener: ,Pflücke die Zweige ab, die keine gute Frucht hervorgebracht haben, und wirf sie ins Feuer.' Aber sehet, der Diener sagte zu ihm: ,Wir wollen ihn beschneiden und umgraben und ihn noch ein wenig länger pflegen, dass er dir vielleicht gute Früchte hervorbringe, die du für die rechte Jahreszeit aufspeichern kannst.' Und der Herr des Weinberges pflegte mit seinem Diener alle Bäume des Weinberges.

Und nachdem eine lange Zeit vergangen war, sagte der Herr des Weinberges zu seinem Diener: ,Komm, lass uns in den Weinberg hinabgehen, dass wir wieder darin arbeiten. Denn siehe, die Zeit naht heran, und das Ende kommt bald; daher muss ich zur rechten Jahreszeit Frucht für mich aufspeichern.' Und der Herr des Weinberges ging mit seinem Diener in den Weinberg hinab; und sie kamen zu dem Baum, dessen natürliche Zweige abgebrochen und in den wilde Zweige eingepfropft worden waren; und siehe der Baum war mit allen Arten von Früchten überladen. Und der Herr des Weinberges kostete von der Frucht eine jegliche Art nach ihrer Zahl. Und der Herr des Weinberges sagte: ,Siehe, diese ganze Zeit hindurch haben wir diesen Baum gepflegt, und ich habe mir für die rechte Jahreszeit viele Früchte gesammelt. Aber siehe, dieses Mal hat er viele Früchte hervorgebracht, aber keine davon ist gut. **Siehe, es sind schlechte Früchte aller Art, und sie nützen mir nichts, ungeachtet aller unserer Arbeit; und jetzt tut es mir leid, diesen Baum zu verlieren.' Und der Herr des Weinberges sagte zum Diener: ,Was sollen wir mit dem Baum tun, damit ich wieder gute Frucht für mich von ihm bewahre?' Und der Diener sagte zu seinem Herrn: ,Weil du die Zweige des wilden Ölbaums eingepfropft hast, haben sie die Wurzeln genährt, dass sie noch lebendig sind und nicht verdorrten; daher**

siehst du, dass sie noch gut sind. Und der Herr des Weinberges sagte zu seinem Diener: ‚Der Baum nützt mir nichts und die Wurzel nützt mir auch nichts, solange er schlechte Frucht hervorbringt. Aber trotzdem weiß ich, dass die Wurzel gut ist, und ich habe sie zu meinem eigenen Zwecke bewahrt; und wegen ihrer großen Kraft hat sie früher aus den wilden Zweigen gute Früchte hervorgebracht. Aber siehe, die wilden Zweige sind gewachsen und haben die Wurzel überwuchert; und weil die wilden Zweige die Wurzel überwuchert haben, hat er viele schlechte Früchte getragen; und weil er so viele schlechte Früchte hervorgebracht hat, siehst du, dass er anfängt zu verderben; und er wird bald reif sein, ins Feuer geworfen zu werden, wenn wir nicht etwas für ihn tun, um ihn zu erhalten.'

Und der Herr des Weinberges sagte zu seinem Diener: ‚Lass uns in die untersten Teile des Weinberges gehen und sehen, ob die natürlichen Zweige auch schlechte Früchte hervorgebracht haben.'

So gingen sie in die untersten Teile des Weinberges hinab, und sie sahen, dass die Frucht der natürlichen Zweige auch verderbt war; ja, der erste und der zweite und der letzte; und sie waren alle verderbt.

Die wilden Früchte des letzten hatten den Teil des Baumes überwuchert, der gute Früchte trug, so dass der Zweig verdorrt und abgestorben war.

Und der Herr des Weinberges weinte und sagte zu dem Diener: ‚Was hätte ich mehr für meinen Weinberg tun können? Siehe, ich wusste, dass alle Früchte des Weinberges außer diesen verderbt waren. Und nun sind die, welche einstmals gute Früchte hervorbrachten, ebenfalls verderbt; und alle Bäume meines Weinberges sind zu nichts mehr nütze, als dass sie abgehauen und ins Feuer geworfen werden. Und siehe, diesen letzten, dessen Zweige vertrocknet sind, pflanzte ich in gute Erde, die vortrefflicher war als alle anderen Teile meines Weinberges. Und du hast auch gesehen, dass ich das niedergehauen habe, was diese Stelle bedeckte, damit ich diesen Baum hierher pflanzen konnte. Und du sahst, dass ein Teil davon gute und ein Teil schlechte

Frucht trug; und weil ich die Zweige nicht abpflückte und ins Feuer warf, siehe, daher haben sie den guten Zweig überwuchert, dass er verdorrte. Aber siehe, ungeachtet aller Mühe, die wir uns mit meinem Weinberg gegeben haben, sind die Bäume darin verderbt, dass sie keine guten Früchte hervorbringen; und ich hatte gehofft, diese zu bewahren, um Früchte für die rechte Jahreszeit für mich zurückzulegen. Aber siehe, sie sind wie der wilde Ölbaum geworden und zu nichts nütze, als abgehauen und ins Feuer geworfen zu werden; und es betrübt mich, dass ich sie verlieren soll.

Aber was hätte ich mehr in meinem Weinberg tun können? Habe ich meine Hand zurückgehalten und ihn nicht gepflegt? Nein, ich habe ihn gepflegt, umgegraben, beschnitten und gedüngt; und ich habe meine Hand fast den ganzen Tag ausgestreckt, und das Ende naht heran. Und es betrübt mich, dass ich alle Bäume meines Weinberges umhauen und ins Feuer werfen soll, damit sie verbrannt werden. Wer ist es, der meinen Weinberg verdorben hat?'

Und der Diener sagte zu seinem Herrn: ‚Ist es nicht die Erhabenheit deines Weinberges? Haben seine Zweige nicht die Wurzeln überwuchert, die gut sind? Und weil die Zweige die Wurzeln überwuchert hatten, wuchsen sie schneller als die Kraft der Wurzeln und saugten die Kraft an sich. Siehe, ich sage, ist das nicht die Ursache, weshalb die Bäume deines Weinberges verderbt sind?'

Und der Herr des Weinberges sagte zu seinem Diener: ‚Lass uns zugreifen und die Bäume des Weinberges niederhauen und ins Feuer werfen, damit sie den Boden meines Weinberges nicht versperren, denn ich habe alles getan. Was mehr hätte ich für meinen Weinberg tun können?' Aber siehe, der Diener sagte zum Herrn des Weinberges: ‚Schone seiner noch ein wenig.'

Und der Herr sagte: ‚Ja, ich will seiner noch ein wenig schonen, denn es betrübt mich, dass ich die Bäume meines Weinberges verlieren soll. ***Lass uns daher von den Zweigen derer nehmen, die ich in die untersten Teile meines Weinberges gepflanzt habe, und lass sie uns in den Baum einpfropfen, von dem sie kamen; und lass uns die Zweige, deren Frucht am bittersten ist, von dem Baum abpflücken und die natürlichen Zweige des Baumes an ihrer Statt einpfropfen.***

Und dies werde ich tun, damit der Baum nicht umkomme, und ich vielleicht seine Wurzeln für meinen eigenen Zweck bewahre. Aber siehe, die Wurzeln der natürlichen Zweige des Baumes, die ich pflanzte, wo es mich gut dünkte, haben noch Leben; daher werde ich Zweige dieses Baumes nehmen und sie, um auch sie zu meinem eigenen Zweck zu bewahren, in die anderen einpfropfen. Ja ich werde die Zweige ihres Mutterbaumes in sie einpfropfen, damit ich auch die Wurzeln für mich bewahre, dass sie mir vielleicht gute Frucht hervorbringen, wenn sie stark genug sind, damit ich dennoch Ehre von der Frucht meines Weinberges habe.'

Und sie nahmen von dem natürlichen Baum, der wild geworden war, und bepfropften damit die natürlichen Bäume, die auch wild geworden waren.

Sie nahmen auch von den natürlichen Bäumen, die wild geworden waren und pfropften sie in ihren Mutterbaum. Und der Herr des Weinberges sagte zu seinem Diener: ‚Pflücke die wilden Zweige nicht von den Bäumen, es sei denn, dass sie ganz bitter sind; und in sie sollst du einpfropfen, wie ich gesagt habe.

Wir werden die Bäume des Weinberges wieder pflegen und ihre Zweige beschneiden; und wir werden von den Bäumen die Zweige abpflücken, die reif sind und vergehen müssen und sie ins Feuer werfen.

Und dies tue ich, damit vielleicht ihre Wurzeln an Stärke gewinnen, weil sie gut sind; und dass das Gute infolge der Auswechslung der Zweige das Böse überwinden möge. Und weil ich die natürlichen Zweige und deren Wurzeln bewahrt, die natürlichen Zweige wiederum in den Mutterbaum eingepfropft und die Wurzel ihres Mutterbaumes erhalten habe, damit die Bäume meines Weinberges vielleicht wieder gute Früchte hervorbringen, und ich vielleicht wieder Freude an der Frucht meines Weinberges habe und mich außerordentlich freue, dass ich die Wurzeln und Zweige der ersten Frucht bewahrt habe – so gehe nun und rufe Diener, damit wir fleißig und mit aller Macht im Weinberg arbeiten und den Weg bereiten, dass ich wieder die natürliche Frucht erziele, die gut und vor allen andern Früchten überaus köstlich ist. Lasst uns darum gehen und dieses letz-

te Mal mit aller Kraft arbeiten, denn siehe, das Ende naht, und es ist das letzte Mal, dass ich meinen Weinberg beschneide.

Pfropft die Zweige ein, fangt bei den letzten an, dass sie die ersten sein mögen, und dass die ersten die letzten sein mögen, und grabt um die Bäume herum, um alte und junge, die ersten und die letzten, und die letzten und die ersten, dass alle zum letzten Male gepflegt werden. Daher grabt um sie herum und beschneidet sie und düngt sie noch einmal, zum letzten Mal, denn das Ende ist nahe. Und sollten diese letzten Pfropfreiser wachsen und natürliche Frucht hervorbringen, dann sollt ihr alles für sie tun, dass sie wachsen können. Wenn sie aber anfangen zu wachsen, sollt ihr die Zweige ausschneiden, die bittere Frucht hervorbringen, nach der Stärke und der Größe der guten; und ihr sollt die schlechten nicht alle auf einmal wegnehmen, damit die Wurzeln nicht zu stark für die Pfropfreiser werden und der Sprössling verderbe und ich Bäume meines Weinberges verliere. Denn es betrübt mich, dass ich die Bäume meines Weinberges verlieren soll; daher sollt ihr die schlechten ausschneiden nach dem Maß, wie die guten wachsen, damit Wurzel und Krone von gleicher Stärke seien, bis die guten die schlechten überwinden und die schlechten abgehauen und ins Feuer geworfen werden, dass sie den Boden meines Weinberges nicht versperren; und so will ich das Schlechte aus meinem Weinberg fegen. Und die Zweige des natürlichen Baumes will ich wieder in den natürlichen Baum einpfropfen. Und die Zweige des natürlichen Baumes will ich in die natürlichen Zweige des Baumes einpfropfen; und so will ich sie wieder zusammenbringen, damit sie natürliche Frucht hervorbringen, und sie sollen eins sein. Das Schlechte aber soll weggeworfen werden, ja aus dem ganzen Lande meines Weinberges, denn sehet, nur noch dieses eine Mal will ich meinen Weinberg beschneiden.' Und der Herr des Weinberges schickte seinen Diener; und der Diener ging und tat, wie ihm der Herr befohlen hatte und brachte andere Diener und ihrer waren wenige. Und der Herr des Weinberges sagte zu ihnen: ‚Gehet hin und arbeitet im Weinberg mit aller Macht. Denn sehet, es ist das letzte Mal, dass ich meinen Weinberg pflege; denn das Ende ist nahe, und die Zeit kommt bald; und wenn ihr mit aller Macht mit mir arbeitet, dann sollt ihr Freude an der Frucht haben, die ich mir auf-

speichere für die Zeit, die bald kommen wird.' Die Diener gingen hin und arbeiteten mit Macht; und der Herr des Weinberges arbeitete auch mit ihnen; und sie gehorchten dem Gebote des Herrn des Weinberges in allen Dingen.

Und die natürlichen Früchte fingen an, sich wieder im Weinberg zu zeigen; und die natürlichen Zweige fingen an zu wachsen und außerordentlich zu gedeihen; und die wilden Zweige wurden abgepflückt und weggeworfen und sie hielten die Wurzel und die Krone gleichmäßig in ihrer Stärke. So arbeiteten sie mit allem Fleiß nach den Geboten des Herrn des Weinberges, bis das Schlechte aus dem Weinberg hinausgeworfen war und der Herr die Bäume bewahrt hatte, dass sie wieder natürliche Frucht brachten; und sie wurden wie von einerlei Art, denn die Früchte waren alle gleich; und der Herr des Weinberges hatte die natürliche Frucht für sich bewahrt, die für ihn von Anfang an am kostbarsten gewesen war. – Und als der Herr des Weinberges sah, dass die Frucht gut und der Weinberg nicht mehr verderbt war, rief er seine Diener herbei und sagte zu ihnen: 'Sehet, zum letzten Mal haben wir meinen Weinberg gepflegt; und ihr seht, dass ich meinen Willen vollbracht habe; ich habe die natürliche Frucht bewahrt, und sie ist gut, ja, so gut, wie sie am Anfang war. Und gesegnet seid ihr; denn weil ihr fleißig mit mir in meinem Weinberg gearbeitet und meine Gebote gehalten und mir wieder die natürliche Frucht zurückgebracht habt, so dass mein Weinberg nicht mehr verderbt und das Schlechte hinausgeworfen ist, sehet, deshalb sollt ihr euch mit mir über die Frucht meines Weinberges freuen.

Denn sehet, ich werde die Frucht meines Weinberges lange für mich aufspeichern, auf die Zeit, die bald kommen wird; und ich habe meinen Weinberg zum letzten Male gepflegt, beschnitten, umgegraben und gedüngt; daher will ich die Frucht lange für mich aufspeichern, so wie ich gesprochen habe. Und wenn die Zeit kommt, dass wieder schlechte Früchte in meinen Weinberg kommen, dann werde ich die guten und die schlechten sammeln lassen; und die guten werde ich für mich bewahren, die schlechten aber werde ich an ihren eigenen Platz wegwerfen. Und dann kommt die Zeit und das Ende; und meinen Weinberg werde ich dann mit Feuer verbrennen lassen."

In dieser ausführlichen Schilderung wird das Schicksal der gesamten Menschheit unter Einbeziehung des besonderen Weges, den das jüdische Volk gehen muss – über das Tausendjährige Reich hinausreichend – dargestellt. Man wird erinnert an die ähnlich umfassende Schilderung im Henochbuch (vergleiche Paul Rießler; Altjüdisches Schrifttum, Filser Verlag, Augsburg, 1928, Seite 419 - 432). Während Henochs Bildersprache von verschiedenen Tieren berichtet, gebraucht Zenos in seiner Vision den Begriff des Ölbaumes und Weinberges. Da die vorliegende Prophezeiung von Zenos nicht verschlüsselt ist, kann sie jedermann verstehen und für sich selbst auslegen. Deshalb sollen hier nur einige wenige Anmerkungen zur Erleichterung des allgemeinen Verständnisses gegeben werden.

Mit dem Diener des Herrn ist Jesus Christus gemeint, der erst auftritt, als es darum geht, die Zweige eines wilden Ölbaumes in den edlen und natürlichen Ölbaum einzupfropfen.

Interessant ist die Schilderung über die offen zu Tage tretende Meinungsverschiedenheit zwischen dem HErrn und seinem Diener in bezug auf das Einpflanzen der natürlichen Zweige im untersten Teil des Weinberges, der als ärmster Fleck des gesamten Weinberges beschrieben wird. Der Diener hätte im Gegensatz zu seinem HErrn den natürlichen Zweigen einen besseren Platz in ihrem Weinberg gegönnt. Auch hier wird man an die Darstellungen des Henochbuches auf Seite 428, Vers 76 erinnert, wo es heißt: *„Der Schreiber des Buches* (der Messias) *brachte es dann hinauf, zeigte und las es dem Herrn der Schafe vor; dann legte er Fürbitte für sie ein und bat ihn, indem er ihm alle Taten der Hirten zeigte und vor ihm gegen alle Hirten zeugte."*

Aus alledem ist zu entnehmen, dass Jesus Christus, obwohl von seinem eigenen Volk verstoßen und gekreuzigt, dennoch ständig um Gnade und Erbarmen für sie bei dem allmächtigen Schöpfer bittet.

Dem aufmerksamen Leser wird es sicherlich nicht entgangen sein, dass mit dem letzten natürlichen Zweig, der im unteren

Teil des Weinberges in gutem Boden eingepflanzt wurde, der „Überrest des Hauses Jakob" gemeint ist, also jene Urbevölkerung von Amerika, auf die Christoph Kolumbus stieß, als er auf dem neuen Kontinent landete.

Kenner des Neuen Testamentes werden beim Lesen der bildreichen Prophezeiung von Zenos an den Brief erinnert, den Paulus an die Gemeinde in Rom schrieb. Es kann dahingestellt bleiben, ob Paulus die Schriften von Zenos kannte oder ob ihm bei den Gedanken an das weitere Schicksal seines Volkes eine ähnliche Vision geschenkt wurde, wie sie Zenos ca. 700 Jahre vor ihm erhalten hatte. Die verblüffende Ähnlichkeit gibt Anlass genug, die betreffende Stelle aus dem Neuen Testament, Römerbrief 11, 11 – 32, Württembergische Bibelanstalt Stuttgart, 1963, hier zu zitieren:

„So sage ich nun: ‚Sind die Israeliten darum gestrauchelt, dass sie fallen sollten? Das sei ferne! Sondern durch ihren Fall ist den Heiden das Heil widerfahren, auf das Israel ihnen nacheifern sollte. Wenn aber schon ihr Fall der Welt Reichtum ist und ihr Schade ist der Heiden Reichtum geworden, wieviel mehr wird es Reichtum sein, wenn Israel in seiner ganzen Fülle gewonnen wird.' Euch Heiden aber sage ich: ‚Weil ich der Heiden Apostel bin, will ich mein Amt preisen, ob ich wohl könnte die, welche meine Stammverwandten sind, zum Nacheifern reizen und ihrer etliche retten. Denn wenn ihre Verwerfung der Welt Versöhnung ist, was wird ihre Annahme anderes sein als Leben aus den Toten! Ist das Erste vom Teig heilig, so ist auch der ganze Teig heilig; und wenn die Wurzel heilig ist, so sind auch die Zweige heilig. Wenn aber nun etliche von den Zweigen ausgebrochen sind und du, der du ein wilder Ölbaum warst, bist unter sie gepfropft und teilhaftig geworden der Wurzel und des Saftes im Ölbaum, so rühme dich nicht wider die Zweige. Rühmst du dich aber wider sie, so sollst du wissen, dass nicht du die Wurzel trägst, sondern die Wurzel trägt dich.' Nun sprichst du: ‚Die Zweige sind ausgebrochen, auf dass ich hinein gepfropft würde.' Ist wohl geredet. Sie sind ausgebrochen um ihres Unglaubens willen; du aber stehst durch den Glauben. Sei nicht stolz, sondern fürchte dich. Hat Gott die natür-

lichen Zweige nicht verschont, wird er dich auch nicht verschonen. Darum schau die Güte und den Ernst Gottes; den Ernst an denen, die gefallen sind, die Güte Gottes aber an dir, sofern du bei seiner Güte bleibst; sonst wirst du auch abgehauen werden. Und wiederum jene, sofern sie nicht bleiben in dem Unglauben, werden eingepfropft werden; Gott kann sie wieder einpfropfen. Denn wenn du aus dem Ölbaum, der von Natur wild war, bist abgehauen und wider die Natur in den guten Ölbaum gepfropft, wie viel mehr werden die natürlichen Zweige wieder eingepfropft werden in ihren eigenen Ölbaum.

Ich will euch, liebe Brüder, nicht verhehlen dieses Geheimnis, auf dass ihr euch nicht auf eigene Klugheit verlasst: Blindheit ist Israel zum Teil widerfahren solange, bis die Fülle der Heiden eingegangen ist, und alsdann wird das ganze Israel gerettet werden, wie geschrieben steht (Jes. 59, 20; Jer. 31,33): *‚Es wird kommen aus Zion der Erlöser, der da abwende das gottlose Wesen von Jakob. Und dies ist mein Bund mit ihnen, wenn ich ihre Sünden werde wegnehmen.'*

Nach dem Evangelium sind sie zwar Feinde um euretwillen; aber nach Gottes gnädiger Wahl sind sie Geliebte um der Väter willen. Denn Gottes Gaben und Berufung können ihn nicht gereuen. Gleicherweise wie ihr zuvor nicht habt an Gott geglaubt, nun aber Barmherzigkeit erlangt habt durch ihren Unglauben, so haben auch jene jetzt nicht wollen glauben an die Barmherzigkeit, die euch widerfahren ist, damit auch sie Barmherzigkeit erlangen. Denn Gott hat alle beschlossen unter den Unglauben, auf dass er sich aller erbarme."

Die dargestellte Paulinische Prophezeiung verdeutlicht an einer entscheidenden Stelle die von Zenos gegebene Offenbarung. Sagt doch Paulus voraus, dass – bildlich gesprochen – der Prozess der Einpfropfung der natürlichen Zweige dann beginnt, wenn „die Fülle der Heiden eingegangen ist".

Letztere Formulierung ist sehr weitreichend und umfassend. Aber hinsichtlich des Bezuges des Begriffes „Fülle" ist in Anlehnung an die Prophezeiung von Zenos nur eine Auslegung möglich. Und zwar kann sich „die Fülle" nur auf den

Kulminationspunkt des stärksten christlichen Glaubens in der Welt und damit auf die engste Verbindung zwischen Jesus Christus und seiner in der ganzen Welt verbreiteten Glaubensgemeinde beziehen. Dass aus den verschiedensten Ursachen heraus heutigentags nicht mehr von „der Fülle" der Heidenchristen gesprochen werden kann, wird sicher von niemandem ernsthaft bestritten werden können.

Allerdings wäre es andererseits vermessen zu sagen, der Tiefstpunkt der Gottlosigkeit sei bereits schon erreicht. Es ist daher an dieser Stelle festzuhalten, dass die Deutung des Paulinischen Geheimnisses zwar weiterhilft, aber die gewünschte Klarheit noch nicht schenkt.

Am Ende des Buches Mormon berichtet Moroni, der letzte Prophet in Amerika (ca. 400 Jahre nach Christus), in der Schrift oder dem Buch Ether von einem Volk, das in einem Holzkasten von der arabischen Halbinsel zur Zeit des Turmbau's von Babel unter der Führung Gottes über den Pazifischen Ozean nach Amerika getrieben wurde. Das Volk nannte sich nach seinem Urvater Jared und lebte in Nordamerika.

In der Vorrede zum Schicksalsbuch der Jarediten ist die bedeutsamste Prophezeiung der Mormonenbibel - gegeben durch Jesus Christus Selbst - enthalten. Sie beginnt mit den eindrucksvollen Worten:

„Kommt zu mir, o ihr Nichtjuden, ich will euch die größeren Dinge zeigen, deren Kenntnis des Unglaubens wegen verborgen ist. – Kommt zu mir, oh ihr vom Hause Israel; es soll euch geoffenbart werden, welch große Dinge der Vater für euch seit Grundlegung der Welt zurückbehalten hat; aber sie sind eures Unglaubens wegen nicht zu euch gelangt.

Sehet, wenn ihr den Schleier des Unglaubens zerreißt, der die Ursache ist, weshalb ihr in eurem schrecklichen Zustand der Bosheit, der Herzenshärte und der Verblendung des Geistes verharrt, dann sollen die großen und wunderbaren Dinge, die seit Grundlegung der Welt vor euch verborgen sind – ja, wenn ihr den Vater in meinem

Namen anruft mit zerknirschtem Herzen und reuigem Gemüt, dann sollt ihr wissen, dass der Vater des Bundes gedacht hat, den er mit euren Vätern, o Haus Israel, machte.

Und dann sollen meine Offenbarungen, die ich von meinem Diener Johannes habe schreiben lassen, vor den Augen aller Völker entfaltet werden. Bedenket, wenn ihr diese Dinge seht, dann sollt ihr wissen, dass die Zeit nahe ist, wann sie in der Tat offenbar werden sollen.

Wenn ihr daher diesen Bericht erhaltet, könnt ihr wissen, dass das Werk des Vaters im ganzen Lande begonnen hat.

Daher bekehrt euch, alle ihr Enden der Erde, kommt zu mir, glaubt an mein Evangelium und werdet in meinem Namen getauft; denn wer glaubt und getauft wird, soll selig werden; wer aber nicht glaubt, soll schuldig gesprochen werden; und Zeichen werden denen folgen, die an meinen Namen glauben. Und gesegnet ist, wer am Jüngsten Tage meinem Namen treu ist, denn er soll erhoben werden, um in dem Reich zu wohnen, das für ihn seit Grundlegung der Welt bereitet ist. Und sehet, ich habe es gesprochen. Amen" (Ether, 4, 13 - 19).

Vorausgehend war die Rede davon, dass uns die Deutung des Paulinischen Geheimnisses noch nicht die gewünschte Klarheit schenkt. Hier wird sie durch Jesus Christus und den Propheten Moroni unzweideutig vor uns hingestellt. Wir sollten nicht zweifeln, sondern die Klarheit, die uns geschenkt wird, dankbar annehmen.

II. Die Prophezeiungen aus den beiden ersten Bänden des „Buches des Wahren Lebens"

Da diese Offenbarungen aus allerjüngster Zeit stammen, ist ihre Sprache wesentlich direkter, unmittelbarer und präsenter. Man kann an diesen Prophezeiungen nicht vorbeigehen, es sei denn, dass man sie gänzlich verneint. Als eindrucksvollstes Zeugnis für die in nahester Zukunft stattfindenden Veränderungen im jüdischen Volk sind sie nicht ohne Grund an den Schluss dieser Ausarbeitung gestellt. So wird unübersehbar und unzweideutig vorausgesagt, dass die geistige Erneuerung des gesamten Christentums vom jüdischen Volk zusammen mit den dann noch bestehenden heidenchristlichen Gemeinschaften gemeinsam in alle Länder der Erde gebracht wird. So heißt es in Band II, Seite 20, 3. Absatz:

„Der Geist Israels als Rasse ist eingeschlafen, in einen Traum versunken, der schon Jahrhunderte währt, und es kann die Wahrheit nicht schauen, weil es nur für die Freuden der Welt gelebt hat, in der Erwartung, hier sein Gelobtes Land, sein Gericht und seine Herrlichkeit zu erlangen. Doch denkt nicht, dass sein Schlaf ewig sein wird.

Nein, jetzt (1945), *da das Elend, der Schmerz und die Erniedrigung als ein neuer Leidenskelch von jenem Volk getrunken worden ist, beginnt sein Geist zu erwachen und sich durch Nachdenken zurechtzufinden und dabei entdeckt er allmählich, dass alle Prophetien und Zeichen, die ihm das Kommen des Messias angekündigt haben, sich treulich in Christus erfüllten.*

Nicht ferne ist sein Erwachen in der umfassendsten Weise; schon naht sein geistiger Tagesanbruch. Aber zuvor wird es erleben, wie sich der Materialismus der Menschheit aufgrund seiner ehrgeizigen Bestrebungen, seiner Selbstsucht und seiner niederen Leidenschaften zerstört. Wenn sich jenes Volk davon überzeugt, dass das Reich des wahren Friedens und der Gnade nicht auf der Erde ist, dann wird es Christus suchen, den Verstoßenen, den Verkannten, und Ihm sagen: ‚Meister, Du hattest recht, die Freiheit ist nur in denen, die die Vergeistigung lieben. Denn wir, die wir die materiellen Güter erstrebt haben, haben damit nur erreicht, Sklaven zu werden.' Wenn aus jenen Herzen dies Bekenntnis zu Mir aufsteigt, werde Ich unter ihnen Meine neuen Propheten erscheinen lassen, die ihnen helfen werden, sich auf dem Wege der Vergeistigung zuzurüsten, welcher der ihrer Befreiung sein wird. ***Wundert euch nicht, dass es jenen, die in ihrer Entwicklung durch Jahrhunderte stehengeblieben sind, in kurzer Zeit gelingt, den Weg zurückzulegen, für den andere, die ihnen vorangegangen sind, so lange Zeit brauchten, und dass sie dieselben sogar überholen.***

Vergesst nicht, dass viele von ihnen einen Geist besitzen, der von den ersten Zeiten an zur Erde gesandt wurde, und dass, wenn einmal ihre Sühne zum Abschluss gebracht ist, sie wieder ihren Platz unter den vom Herrn Auserwählten einnehmen werden, ***um ihren Brüdern aus allen Nationen das Licht zu bringen****. Wenn die, welche den Namen Israel aufgrund ihrer Rasse tragen, mit denen, die es durch den Geist sind, auf dem gleichen Wege zusammentreffen, werden sich beide vereinen, da sie erkennen, dass sie beide zu jenem gesegneten Samen gehören, der durch die Propheten, durch die Patriarchen der Ersten Zeit emporsproß, und der mit dem Blute des Erlösers begossen wurde, um in dieser Zeit des Lichtes, in der ihr Mir zuhört, zu erblühen."*

Unübersehbar wird hier noch ein weiterer Meilenstein auf dem Wege des Erwachens des jüdischen Volkes genannt. Vor dem *„geistigen Tagesanbruch"* wird es erleben, ***„wie sich der Materialismus der Menschheit aufgrund seiner ehrgeizigen Bestrebungen, seiner Selbstsucht und seiner niederen Leidenschaften zerstört."***

In jüngster Vergangenheit (1989) wurde die staunende Menschheit gerade durch diesen Prozess, der die Staaten von Osteuropa und einen großen Teil von Asien erfasst hatte, in Atem gehalten. Ausgelöst durch die Entwicklungen in der damaligen Sowjetunion, erfuhren wir eine gänzliche Umgestaltung des bisherigen materialistisch-kommunistisch-atheistischen Weltsystems.

Die revolutionären Aktivitäten haben die alten Regierungen in den verschiedensten mittel- und osteuropäischen Staaten über Nacht hinweggefegt und von den weichenden Machthabern einen Sumpf an „Selbstsucht und niederen Leidenschaften" zu Tage gefördert. „Die ehrgeizigen Bestrebungen", durch die die Menschen mehr als 40 Jahre hingehalten und die nie erreicht wurden, sind allen Bewohnern der mittel- und osteuropäischen Staaten nur allzu bekannt und bedürfen keiner weiteren Erläuterung.

Unvergleichlich wichtiger erscheint dagegen der Aufruf an das gesamte jüdische Volk zu sein, der über die letztgenannte Verheißung an Direktheit noch hinausgeht. So heißt es in Band 1,13. Unterweisung, Seite 168, Vers 29 –37:

„Geliebte Kinder Israel, seid ihr nicht müde geworden von so vielem Wandern? Hat euch die Last eurer Sühne nicht niedergedrückt? Ist euch soviel Schmerz, den ihr ertragen habt, nicht zum Überdruss geworden? Ist eure Vertrautheit mit dem Schmerz so groß, dass ihr schon unempfindlich geworden seid? Fühlt ihr keine Liebe mehr für euren Vater oder für eure Brüder? Ihr seid in eine tiefe geistige Lethargie verfallen und seid gleichgültig gegenüber jeder hohen Empfindung. Ihr lebt ein atemloses und unmenschliches Leben und habt eure geistigen Pflichten vergessen; doch Ich will, dass ihr euren Verstand für die Aufnahme Meines Wortes vorbereitet und Mich in euren Herzen wohnen lasst, damit ihr wieder in der Gnade lebt.

Ich will euch zu einem Leben auf anderen Ebenen führen, wo ihr in Harmonie mit den hohen Geistern sein werdet, damit ihr weiter aufwärts steigt, ohne euch aufzuhalten. Wenn ihr euch aufmacht, um Mir nachzufolgen, werdet ihr nicht mehr gleichgültig sein, werdet nicht mehr den Leidenskelch leeren; ihr werdet das Leben lieben und mit allen euren Brüdern vereint sein. ***Rüstet euch zu, geht zu euren Brüdern in Meinem Namen, trocknet die Tränen derer, die leiden, gebt Mut dem Schwachen, richtet die Gefallenen auf und rettet den Verlorenen. Tragt das Licht überall hin. Viele werden Mich in ihrem menschlichen Leben erkennen, und andere, wenn sie sich im "Geistigen Tale" befinden. Es ist Mein Wille, dass alle***

erwachen, damit Ich Meinen Samen der Liebe in ihren Geist lege.

Ihr werdet sehen, dass die einen an Meine Kundgebung in dieser Dritten Zeit glauben werden, wenn sie Meine Unterweisung durch Vermittlung des Stimmträgers hören; andere werden es durch euer Zeugnis tun, und ***viel mehr (Menschen) durch die Schriften, die von Meinem Worte vorhanden sind*** (Übersetzung nach Rücksprache mit Herrn Walter Meier in Pforzheim im Februar 1989).

Ich will, dass ihr alle stark seid, damit ihr nicht beim ersten Hindernis zurückweicht, noch irgendeinen Feind fürchtet. Ich rüste euch zu, damit ihr Wunder vollbringt und eure Brüder durch die Beweise, die Ich euch gewähren werde, umwandelt. Versteht Mich, gründet euren Glauben auf die Festigkeit des Felsens, damit ihn nichts zerstören kann. Lasst eure Lippen nicht aus Furcht vor Tadel schweigen und verbergt euren Brüdern auch nicht, dass Ich in dieser Zeit gekommen bin. Entwickelt die Gabe des Wortes und lasst aus eurem Herzen die Liebe und die Weisheit fließen, die Ich euch anvertraut habe. Wachet für eure Nation, lasst nicht zu, dass der Krieg in sie eindringt. Öffnet die Tore eurer Herzen und lasst den, welchen ihr Ausländer nennt, eintreten, sowohl den Menschen guten Willens, als auch jenen, der Böses in seinem Herzen trägt; denn sein Geist wird in diesem Lande erleuchtet werden, und es wird für alle wie eine hilfsbereite Mutter sein. Ich bereite die Kornkammer vor, damit ihr den Hungernden Nahrung gebt und Glück und Frieden unter allen Meinen Kindern ist.

Bereitet euch geistig vor, damit ihr eure Zukunft erahnt und ins Auge fasst, dass ihr nach dem Jahre 1950 als Meine Apostel zurückbleiben werdet, um jenen nachzueifern, die Mir in einer anderen Zeit folgten. Diese wussten, dass sie Meine geistige Gegenwart behalten würden, auch wenn sie Mich als Mensch entschwinden sehen würden und dass sie weiterhin von Mir begleitet und erleuchtet würden. Ich erquickte Mich, wenn Ich ihren Glauben, ihre Einigkeit, ihre Inspiration betrachtete, und sehr bald bewegte ihr Wort die Menschen jener Zeit; denn sie verstanden alles in die Praxis umzusetzen, was ihr Meister sie gelehrt hatte.

Mache dich aufnahmebereit, Menschheit, und empfange das Licht

Meines Geistes, das auf alles Geschaffene ausgegossen ist. Ich lehre ein Volk, das dir eine Botschaft des Friedens bringen wird. Ich werde durch seinen Mund sprechen; wenn du es ablehnst, hast du Mich abgelehnt."

An anderer Stelle heißt es in diesem Sinne:

„Diese Welt, die mit so viel Liebe geschaffen wurde, damit sie das zeitweilige Heim Meiner Kinder sein würde, hat sich in ein Tal der Ruhelosigkeit, der Angst und des Todes verwandelt; nur die Ausübung der Liebe und der Tugend wird sie retten können. Deshalb sammle Ich nun alle zerstreuten Stämme Israels, um seinen Geist zuzurüsten und es in den Kampf zu senden, bis es die Rettung und Vergeistigung des Menschengeschlechts erreicht hat" (Buch des Wahren Lebens, Bd. I, Unterweisung. 15, Vers 26, S. 188).

An weiteren Stellen wird das Gesagte nochmals wiederholt und bestätigt. So heißt es in Unterweisung 32, Band 1, Vers 30, Seite 47:

„Israel wird die Menschheit von großen Nöten befreien. Doch wie sehr müsst ihr (jüdisches Volk) euch zurüsten, um eure Bestimmung zu erfüllen.

Die Apostel dieser Zeit werden von Land zu Land gehen und die gute Botschaft hinbringen, und ihre Gaben werden wie eine unerschöpfliche Quelle sein, die ihre Wohltaten auf alle Menschen überströmen lässt. ***Mit jedem Wunder, das ich ihnen gewähre, werden sie den Glauben neuer Apostel erwecken, und ihre Mission wird groß sein."***

In Unterweisung 11, Band 1, Vers 84, Seite 150 heißt es:

„Israel, zweifle nicht an meinem Wort. Erinnere dich, dass ich Abraham und Jakob verheißen habe, dass ihr Same der Segen und der Trost für alle Völker der Erde sein wird."

Die Ausarbeitung soll schließen mit der gewaltigen und mächtigen Prophezeiung Gottes, dass Er zu seinen Verheißungen von altersher steht und diese nie aufheben oder ändern wird.

Durch die Bekräftigung der alten Bündnisse wirkt diese Offenbarung wie eine große Siegeshymne im Schicksalsgang des jüdischen Volkes. So heißt es:

„Würde euer Geist und Herz nicht von Wonne erfüllt werden, wenn es durch eure Liebe gelänge, jenes Volk, das so an seinen Traditionen hängt und geistig stehengeblieben ist, zur Trinitarisch-Marianischen Geistlehre zu bekehren? Wäre nicht Freude unter euch, wenn sich das alte Israel durch Vermittlung des neuen Israel bekehren würde, das heißt, dass das erstere Gnade erlangen würde durch das letztere? Bis jetzt hat nichts das jüdische Volk davon überzeugt, dass es mit den alten Überlieferungen brechen muss, um seine sittliche und geistige Weiterentwicklung zu erreichen. Es ist das Volk, das glaubt, die Gesetze Jahwe und Moses zu erfüllen, das aber in Wirklichkeit noch immer sein Goldenes Kalb anbetet. Die Zeit ist nahe, in der dies irrende und über die Welt verstreute Volk aufhört, auf die Erde zu schauen und es seine Augen zum Himmel erhebt, auf der Suche nach Jenem, der ihm von Anfang an als sein Erlöser verheißen war und den es verkannte und tötete, weil es Ihn für arm hielt und nichts Gutes an Ihm fand. Nun kommt die Stunde, in der jenes Kreuz, das sie Mir durch Urteilsspruch auferlegten, für jeden einzelnen jener Geister zur Elle der Gerechtigkeit wird, bis schließlich ihre Lippen ausrufen:, Jesus war der Messias!' Sie werden Mich in ihrer geistigen Armut, in ihrem Elend und in ihrem Schmerze suchen, und sie werden überrascht sein, wenn sie sehen, dass Jener, der in ihren Augen nichts in der Welt besaß, alles besitzt, und dass jene Schätze und jenes Reich, von denen Er so oft zu ihnen sprach, Wahrheit waren, und sie werden einsehen, dass nichts auf der Welt – kein Schatz, kein Reichtum, mit dem Frieden des Geistes verglichen werden kann.

Wenn jenes Volk Mir den Rücken kehrte, warte Ich dennoch auf es. Denn die Menschen können ihr Wort und selbst ihre Bündnisse brechen, aber Ich bin unwandelbar und werde Meine Verheißungen niemals brechen. Wenn ihm gesagt wurde, dass Ich sein Erlöser sein würde, so werde Ich es erlösen; wenn ihm gesagt wurde, dass Ich es in Mein Reich bringen würde, so werde Ich es in Mein Reich bringen"
(Buch des Wahren Lebens, Band 1, Unterweisung 35, Vers 58-62, Seite 84).

Kapitel 4:

Die Kardinalzahl 6

als weiterer Schlüssel für die Entsiegelung des zeitlichen Ablaufs der Offenbarungszeit bzw. der drei apokalyptischen Wehe

Die drei apokalyptischen Wehe werden in der Offenbarung in den Ereignissen des fünften, sechsten und siebten Siegels sowie in den dazugehörigen Schalläußerungen der Posaunen und Ausgießungen der Zornesschalen beschrieben. Es versteht sich von selbst, dass z. B. die fünfte Posaune oder die fünfte Zornesschale weitere Aspekte zeitlicher Abläufe des fünften Siegels beleuchtet und damit verdeutlicht. Gleiches gilt analog für das sechste und siebente Siegel.

Bevor das Zeitalter des geistigen Wachstums und des Friedens beginnen kann, müssen diese Reinigungswehe über die Erde kommen, da das Alte nicht die Kraft besitzt, sich aus der Widerordnung zu befreien. Die Zeitdauer der drei Reinigungswehe kann auch als Offenbarungszeit bezeichnet werden. Sie offenbart das von keinem Menschen künftighin mehr zu leugnende Eingreifen Jesu Christi ebenso eindrucksvoll, wie andererseits dasjenige der Widersachermächte. Die Menschen selbst stehen zwischen diesen kämpfenden Mächten und können sich in freier Entscheidung entweder der einen oder der anderen Seite anschließen.

Dies zu betonen ist äußerst wichtig, da sonst die Meinung aufkommen könnte, die künftigen Zeitabläufe müssten zwangsläufig in einem Chaos der Zerstörung enden.

Am Ende des 13. Kapitels der Offenbarung wird die Zahl 666 als die des Namens des Tieres oder Widersachers genannt. Bisher haben Exegeten versucht, dieser Zahl eine menschliche

Institution oder Persönlichkeit zuzuordnen. So sagt man beispielsweise Martin Luther nach, dass er aus der Amtsbezeichnung seines Kontrahenten, dem Oberhaupt der katholischen Kirche, die Zahlensumme 666 abgeleitet habe. Der Primas von Italien hat sich bekanntlich die Amtsbezeichnung „Stellvertreter Jesu Christi" oder in lateinischer Sprache – Vicarius filii dei – zugelegt.

Die Zahlensumme von 666 errechnet sich folgendermaßen:

V =	5
i =	1
c =	100
a =	---
r =	---
i =	1
v =	5
s =	---
f =	---
i =	1
l =	50
i =	1
i =	1
d =	500
e =	---
i =	1
Summe =	666

Die Zahlenherleitung ist sehr ernst zu nehmen und sollte keinesfalls als Zahlenspielerei abgetan werden. Wir verdanken Carl Adolf Dannfald durch inspirative Eingebung die Erkenntnis, dass die Zahl 666 nicht nur die Widersachermächte repräsentiert, sondern darüberhinaus auch die Zeitdauer bedeutet, die diesen für ihre außerordentliche Machtentfaltung in der letzten Zeit, also der Offenbarungszeit, von Gott zugestanden wird.

Bevor auf die Dannfaldsche Herleitung der Offenbarungszeit aus der Zahl 666 eingegangen werden soll, ist es zuvor für viele Leser sicherlich aufschlussreich über das Wesen der Zahl 666 etwas zu erfahren: Bekanntlich repräsentiert die „Eins" den ungeteilten Ursprung. Die Zahl „Zwei" verkörpert die Gegensätzlichkeit, die Vertauschbarkeit und die Doppelheit. Sie ist in sich unvollendet, da sie von sich aus nicht die erlösende und damit versöhnende Mitte enthält. Dagegen besitzt die Zahl „Drei" die Mittlerstelle zwischen den dualen Polaritäten. Sie ist daher schon immer Ausdruck der göttlichen Vollendung gewesen und wird seit Beginn des Christentums als Heilige Dreieinigkeit verehrt. Die Widersachermächte besitzen diese Vollendung nicht und erschöpfen sich in ihrer Polarität, wenngleich sie ihrerseits auch eine Vollendung anstreben.

Die Widersachermächte werden repräsentiert durch Luzifer einerseits und andererseits durch die von ihm beherrschte Geisterwelt. Es wird für manche Leser interessant sein, zu erfahren, dass Luzifer in Satan wiederum eine polare Gegensätzlichkeit besitzt. Da jeder Mensch diese polaren Gegensätzlichkeiten mehr oder weniger in sich selbst finden kann, ist es möglich, die Richtigkeit dieser Hypothese an sich selbst festzustellen.

Das satanische Prinzip äußert sich als wesenhafter Egoismus, um jeden Preis zu herrschen und zu besitzen. Alle nur denkbaren Werte, ja selbst die eigene Existenz werden dem Herrschafts-, Macht- und Besitzwillen aufgeopfert. Es ist ohne weiteres einsichtig, dass von diesem bloßen Macht- und Besitzstreben eine ungeheure allerbrutalste Zerstörungskraft ausgeht. Um sich hiervon ein anschauliches Bild zu verschaffen, betrachte man unter diesem Gesichtspunkt nur die von priesterlicher Seite angestifteten täglichen terroristischen Aktivitäten in der islamischen Welt.

Das luziferische Prinzip kann charakterisiert werden durch den Begriff des Egozentrismus. Damit ist die Wesenseigenschaft gemeint, die durch die Konzentration auf den ichbezogenen Wesensmittelpunkt vermeintlich glaubt, aus sich selbst heraus mit Hilfe der Verstandeskräfte etwas zu erschaffen und entstehen zu lassen. Sie hat eine große Lust an diesem Erschaffen und ist peinlichst bemüht zum Schutze ihrer Werke, eine straffe hierarchische Ordnung aufrechtzuerhalten. Im Vordergrund steht das Erschaffen und Entstehenlassen, das zumeist nur den Zweck verfolgt, den Besitz und die persönliche Macht zu vergrößern. Erst nachrangig werden nach meist heftigen Auseinandersetzungen auch allgemeine soziale Handlungen, die der Maximierung des Erschaffen- und Entstehenlassens entgegenstehen, diesem Treiben abgerungen.

Die beschriebenen zwei Wesenseigenschaften von Luzifer und Satan haben immanent eine ständige Unruhe, einen ewigen Kampf, eine drohende sinnlose Zerstörung, sowie eine Überschwemmung mit geschaffenen Produkten zur Folge.

Eine Gegensätzlichkeit besteht auch in der von Luzifer und Satan beherrschten Geisterwelt. Sie ist einzuteilen in eine Unzahl von niedrigen Geistern und einer geringeren Zahl sogenannter „hoher" Geister. Die ersteren waren im Lauf ihres diesseitigen Lebens den weltlichen Verlockungen erlegen und können als das große Heer der Mitläufer und Mittäter in der Gefolgschaft der Widersachermächte angesehen werden. Die hohen Geister sind zumeist im Bösen schon allerstärkst begründet und machen ihren Herrschaftsanspruch gegenüber den niedrigen Geistern auf jede nur mögliche Weise geltend. Es ist naheliegend, dass auch hier kein Frieden einziehen kann, wenn jeder auf Kosten des anderen nur herrschen will. Diese Art einer jenseitigen als auch diesseitigen Existenz wird daher in den heiligen Schriften immer als eine geistig tote bezeichnet.

Eine diametral andere geistige Situation ist in der vollendeten Zahl drei vorzufinden. Zunächst ist da der Ursprung, der allmächtige Schöpfergott oder Vater aller sichtbaren und unsichtbaren Lebewesen im weitesten Sinne. Außerdem gibt es den mit dem Vater gleichen Wesens seienden Sohn, der sich vom Vater nur darin unterscheidet, dass Er eine menschliche Existenz durchlaufen hat, weshalb Er auch die Tätigkeit eines Mittlers zwischen dem Vater und allen sichtbaren und unsichtbaren Wesen übernommen hat. Schließlich gibt es noch den heiligen Geist oder verständlicher ausgedrückt, die selige und lebendige Geisterwelt. In ihr gibt es keine hohen oder niedrigen Geistwesen, sondern nur selige Geister. Eine Hierarchie unter den seligen Geistwesen besteht in deren Liebefähigkeit zu Jesus Christus. Dasjenige Geistwesen, das Ihn am stärksten liebt, steht Ihm am nächsten und ist deshalb auch mit den bedeutsamsten Aufgaben betraut. Es gibt also eine allumfassende Liebeordnung. Max Seltmann beschreibt in seinem Buch mit dem Titel „Heimgefunden" viele glücklich machende Beispiele dieser Liebeordnung in der lebendigen jenseitigen Welt (Max Seltmann, „Heimgefunden", Lorber Verlag, Bietigheim-Bissingen).

Nach den gegebenen Ausführungen versteht es sich beinahe

schon von selbst, dass die Zahl 6, hervorgegangen aus 2 x 3 = 6, die nach Vollendung strebende, unvollkommene Gegensätzlichkeit darstellt. Diese Zahl „Sechs“ wird nun durch eine dreifache Aneinanderreihung zu einer noch höheren Vollendungsstufe geführt. Da sie aber in ihrer Grundfeste unvollkommen ist, führt das nur dazu, dass ihre Polaritäten in gigantische, groteske und abscheulichste Ausmaße gesteigert werden.

Es ist das große Verdienst von Carl Adolf Dannfald und Max Däbritz (Entsiegelung der Offenbarung Johannes, Däbritz Verlag, Freital-Zauckerode bei Dresden, Ausgabe 1933) durch die Bildung der Quersumme der Zahl 666 die Zahl 18, die gleichzeitig die Verdreifachung der Zahl 6 darstellt, gefunden zu haben. Die Zahl 18 beinhaltet also gleichermaßen wie die Zahl 666 eine höhere Vollendungsstufe der Zahl 6, wenngleich diese nicht durch dreifache Aneinanderreihung, sondern aus der Multiplikation mit der Vollendungszahl „Drei“ oder der dreifachen Addition hervorgegangen ist.

Für Dannfald als auch Däbritz war es klar, dass die Zeitdauer eines Offenbarungsjahres im apokalyptischen Geschehen 18 Kalenderjahre umfasst. Wie schon im ersten Kapitel dargestellt, gelang es Dannfald, die in Offenbarung 9,10 genannten fünf Monate mit Hilfe der Zeitdauer eine Offenbarungsjahres in siebeneinhalb Kalenderjahre umzuwandeln. Dadurch war es ihm vergönnt, im Raum Darmstadt einigen jüdischen Mitbürgern, die bei deutschen Familien versteckt gehalten wurden, Trost und Zuspruch über den begrenzten Zeitraum ihres beklagenswerten Schicksals zu spenden.

Der gesamten Offenbarungszeit sind sechs Offenbarungsjahre zugestanden, das sind 6 x 18 Kalenderjahre = 108 Jahre. Das ist deshalb schon naheliegend, da die Zahl 6 somit auch die Zeitdauer der Offenbarungszeit, also den Streit zwischen den Widersachermächten und der göttlichen Ordnung, zum Ausdruck bringt.

Vers 9 des sechsten Kapitels der Offenbarung zeigt bei Öffnung des fünften Siegels *„unten am Altar die Seelen derer, die* *getötet waren um des Wortes Gottes und um ihres Zeugnises willen. Und sie schrien mit großer Stimme und sprachen: ‚Herr, du Heiliger und Wahrhaftiger, wie lange richtest du nicht und rächest nicht unser Blut an denen, die auf der Erde wohnen?' Und ihnen wurde gegeben einem jeglichen ein weißes Kleid, und ward zu ihnen gesagt, dass sie ruhen müssten noch eine kleine Zeit, bis dass vollends dazu kämen ihre Mitknechte und Brüder, die auch noch sollten getötet werden gleich wie sie."*

Es wird also bei Öffnung des fünften Siegels auf ein Ereignis hingewiesen, das zu diesem Zeitpunkt schon der unmittelbar vorausgehenden Vergangenheit angehörte.

Tatsächlich handelt es sich um den millionenfachen Genozid in der Zeit von 1917 - 1919 an dem ersten und damit ältesten christlichen Volk dieser Erde, dem armenischen Volk in der Türkei. Franz Werfel hat durch seinen Roman mit dem Titel „Die vierzig Tage des Musa Dagh" dieses schreckliche Geschehen der Vergessenheit entrissen (Franz Werfel, „Die vierzig Tage des Musa Dagh", Fischer Verlag, 1990).

Der genaue Beginn der Offenbarungszeit lässt sich leider aus der Öffnung des fünften Siegels nicht herleiten. Dafür bietet aber das sechste Siegel einen klaren zeitlichen Anhaltspunkt.

Im Jahre 1922 war nämlich im damaligen Rußland der Bürgerkrieg zu Ende gegangen und die Herrschaft der Bolschewisten hatte ihren Anfang genommen. Sie dauerte bis zur Wahl von Michail Gorbatschow zum Generalsekretär des Zentralkomitees der KPdSU und der Verkündung und Inkraftsetzung des neuen Parteiprogramms auf dem 27. Parteitag der KPdSU im Jahre 1985.

In der Offenbarung wie auch im Daniel-Buch wird mehrfach auf dreieinhalb Zeiten hingewiesen, die einer materialistisch-atheistischen Weltmacht als Zeitraum ihrer Machtausübung eingeräumt und zugestanden wird. Konsequenterweise wird gleichzeitig auch verheißen, dass die Menschen, die an Jesus

Christus festhalten, eben diesen Zeitraum außerhalb des Machtbereiches der atheistischen Weltmacht beschützt und ernährt würden.

Dazu heißt es in der Offenbarung 12,14:

„Und es wurden dem Weibe gegeben zwei Flügel des großen Adlers, dass sie in die Wüste flöge an ihren Ort, wo sie ernährt würde eine Zeit und zwei Zeiten und eine halbe Zeit fern von dem Angesicht der Schlange."

Und in bezug auf das Tier oder die atheistische Weltmacht wird ausgeführt:

*„Und es ward ihm (*dem Tier*) gegeben ein Maul, zu reden große Dinge und Lästerungen, und ward ihm gegeben, dass es mit ihm währte zweiundvierzig Monate lang. Und es tat sein Maul auf zur Lästerung gegen Gott, zu lästern seinen Namen und sein Haus und die im Himmel wohnen. Und ihm ward gegeben, zu streiten, wider die Heiligen und sie zu überwinden; und ihm ward gegeben Macht über alle Geschlechter und Völker und Sprachen und Nationen. Und alle, die auf Erden wohnen, beten es an, deren Namen nicht geschrieben sind von Anfang der Welt in dem Lebensbuch des Lammes, das erwürget ist"* (Off. 13,5-8).

Dass es sich bei den dreieinhalb Zeiten um Jahre handeln muss, wird aus dem vorangehenden Text unzweifelhaft deutlich, wenn die Zeitdauer der Herrschaft des Tieres mit zweiundvierzig Monaten oder in bezug auf die zwei Zeugen mit 1260 Tagen (Off. 11,13) angegeben wird. Erstaunlicherweise sind nämlich 1260 Tage oder 42 Monate gleich dreieinhalb Jahre.

Auch der Prophet Daniel nennt diese 3 1/2 Zeiten, wenn er von seiner Vision schreibt: *„Er* (gemeint ist die atheistische Macht) *wird den Höchsten lästern und die Heiligen des Höchsten verstören und wird sich unterstehen, Zeit und Gesetz zu ändern. Sie werden aber in seine Hand gegeben werden eine Zeit und zwei Zeiten und eine halbe Zeit"* (Daniel 7,25).

Und im 12. Kapitel, Vers 7 des Daniel-Buches wird ausgeführt: *„Und ich hörte zu dem in leinenen Kleidern, der über den Wassern des Flusses stand; und er hob seine rechte und linke Hand auf gen Himmel und schwur bei dem, der ewiglich lebt, dass es eine Zeit und zwei Zeiten und eine halbe Zeit währen soll, und wenn die Zerstreuung des heiligen Volkes ein Ende hat, soll solches alles geschehen."*

Mit diesen Ausführungen wird noch ein weiteres geschichtliches Ereignis verbunden. Das Ende der atheistischen Weltmacht fällt zusammen mit dem Ende der Zerstreuung des heiligen Volkes, denn zu diesem Zeitpunkt fand die letzte und größte Rückführungsaktion der jüdischen Bevölkerung aus der ehemaligen Sowjetunion nach Israel statt.

Es darf nicht außer Betracht gelassen werden, dass das heilige oder auserwählte Volk Gottes nach wie vor vorangig das jüdische Volk ist, das seinen Messias angenommen hat; und nachrangig alle anderen Menschen, die Jesus Christus liebhaben.

Es wurde berichtet, dass es sich bei den 3,5 Zeiten um dreieinhalb Jahre handeln muss, die aber ihrerseits auf Grund ihrer großen Bedeutung keine 3,5 Kalenderjahre, sondern 3,5 Offenbarungsjahre umfassen müssen, da sonst nicht erklärbar wäre, warum ausdrücklich zwei prophetische Schriften, die weit über 500 Jahre zeitlich auseinander liegen, mehrmals auf die Dauer einer atheistischen Herrschaft von nur 3,5 Jahren Kalenderjahren hinweisen. Es muss sich also unzweifelhaft um dreieinhalb Offenbarungsjahre handeln. Rechnet man die dreieinhalb Offenbarungsjahre in Kalenderjahre um, so wären sie nach den obigen Ausführungen mit der Zahl 18 zu multiplizieren und ergeben so 63 Kalenderjahre.

Es ist dies genau die Zeit der Herrschaft der atheistischen Weltmacht in der ehemaligen Sowjetunion von 1922 – 1985.

Die Offenbarungszeit hat also 1922 begonnen und endet nach Ablauf von 108 Jahren im Jahre 2030.

Das erste Wehe fand seinen Abschluss im Jahre 1945. Das zweite Wehe beginnt - wie ausgeführt - im Jahre 1922 und endet im Jahre 2020 (Näheres siehe Kapitel 5).

Das zweite Wehe wird verkündet durch Öffnung des sechsten Siegels, sowie durch die Posaune des sechsten Engels und letztlich durch die Ausgießung der sechsten Zornesschale (Off. 6,12 - 17; 9,13 - 21 und 16,12 - 16). Eine weitere Vision durch eine sechste Donnerstimme wird Johannes zwar gegeben, aber nicht mit der Erlaubnis versehen, aufgeschrieben zu werden (Off. 10, 1 - 4). Dreieinhalb Offenbarungsjahre oder 63 Kalenderjahre sind zwar 1985 für die ehemalige Sowjetunion zu Ende gegangen, die Offenbarungszeit ist aber für dieses riesige Land damit noch nicht beendet. Weitere 35 Jahre oder ca. zwei Offenbarungsjahre sind Rußland noch zugestanden.

Die Zahl „Zwei" verkörpert - wie ausgeführt - das Gegensätzliche und Unvollkommene. Das heißt, die Zeit wird nicht genutzt, um das Vergangene aufzuarbeiten und die Gegensätze auszugleichen und die Korruption zu unterbinden. Stattdessen wird durch Verstellung der Eindruck erweckt, man habe dem Kommunismus sowjetischer Prägung abgeschworen. Eine Scheindemokratie wurde errichtet, um den Zugang zu den Weltkapitalmärkten zu erlangen. Der Erfolg gibt dieser raffinierten Politik recht. Das neue Rußland kann auch für die nächste Zeit neben China mit den höchsten Zuwachsraten seines Bruttosozialproduktes von allen Staaten der Erde rechnen. Auf diese Weise werden die erforderlichen Mittel frei, um eine noch nie dagewesene gigantische Aufrüstung zu finanzieren. Alle Staaten der Erde werden sich verwundern, wenn die atheistische Weltmacht, die 1985 zu Ende gegangen ist, plötzlich wiederaufersteht.

Die Offenbarung gibt für diese Annahme ganz konkrete Anhaltspunkte. Zunächst wird die alte Sowjetunion folgendermaßen charakterisiert:

„Und das Tier, das ich sah, war gleich einem Panther und seine Füße

wie Bärenfüße und sein Rachen wie eines Löwen Rachen. Und der Drache gab ihm seine Kraft und seinen Thron und große Macht. Und ich sah seiner Häupter eines als wäre es tödlich wund, und seine tödliche Wunde ward heil. Und die ganze Erde verwunderte sich des Tieres." (Off. 13,2-3)

Dass *„sich die ganze Erde des Tieres verwunderte"* bezieht sich offensichtlich darauf, dass ***„seine tödliche Wunde wieder heil wurde"***. Das wird auch verdeutlicht durch die Textsttelle von Off. 17,8 in der es heißt:

„Das Tier, das du gesehen hast, ist gewesen und ist nicht und wird wieder emporsteigen aus dem Abgrund und wird fahren in die Verdammnis, und es werden sich verwundern, die auf Erden wohnen, deren Namen nicht geschrieben stehen von Anfang der Welt in dem Buch des Lebens, wenn sie sehen das Tier, das es gewesen ist und nicht ist und wieder sein wird. Hier ist der Sinn, zu dem Weisheit gehört."

Zur weiteren Charakterisierung der alten Sowjetunion wird anschlussgerecht in der Offenbarung 13,4-8 fortgefahren:

„Und sie beteten den Drachen an, weil er dem Tier die Macht gab und beteten das Tier an und sprachen: ‚Wer ist dem Tier gleich, und wer kann wider es streiten?' Und es ward ihm gegeben ein Maul zu reden große Dinge und Lästerungen, und ward ihm gegeben, dass es mit ihm währte zweiundvierzig Monate lang. Und es tat sein Maul auf zur Lästerung gegen Gott, zu lästern seinen Namen und sein Haus und die im Himmel wohnen.

Und ihm ward gegeben, zu streiten wider die Heiligen und sie zu überwinden und ihm wird gegeben Macht über alle Geschlechter und Völker und Sprachen und Nationen. Und alle, die auf Erden wohnen, beten es an, deren Namen nicht geschrieben sind von Anfang der Welt in dem Lebensbuch des Lammes, das erwürget ist."

Es ist von besonderem Interesse der Frage nachzugehen, wie die Offenbarung eine Verknüpfung zwischen der ehemaligen UDSSR und der Russischen Föderation herstellt.

So heißt es im Kapitel 13, Vers 11 der Offenbarung:

„Und ich sah ein zweites Tier aufsteigen von der Erde, das hatte zwei Hörner gleichwie ein Lamm und redete wie ein Drache. Und es übt alle Macht des ersten Tieres vor ihm aus, und es macht, dass die Erde und die darauf wohnen, anbeten das erste Tier, dessen tödliche Wunde heil geworden war. Und es tut große Zeichen, dass es auch macht Feuer vom Himmel fallen auf die Erde vor den Menschen und verführt die auf Erden wohnen, durch die Zeichen, die ihm gegeben sind, zu tun vor dem Tier; und sagt denen, die auf Erden wohnen, dass sie ein Bild machen sollen dem Tier, das die Wunde vom Schwert hatte und lebendig geworden war. Und es ward ihm gegeben, dass es dem Bilde des Tieres Geist gab, damit des Tieres Bild redete und machte, dass alle welche nicht des Tieres Bild anbeteten, getötet würden.“

Damit wird letztendlich nur zum Ausdruck gebracht, dass die Russische Föderation in der ihr gegebenen Zeit wieder zu den alten Praktiken des KGB zurückkehren wird. Nach zwei Offenbarungsjahren am Ende des Zweiten Wehes, das mit einem entsetzlichen Krieg zu Ende gehen wird, also nach 35 bzw. 36 Kalenderjahren – nach dem Ende der alten Sowjetunion im Jahre 1985 –, das wird geschehen im Jahr 2020 oder 2021, wird auch die Zeit der Russischen Föderation beendet sein.

Es verbleibt bis zum Ende der Offenbarungszeit noch ein halbes Offenbarungsjahr, das sind neun Jahre. Diese neun Jahre sind hervorgegangen aus der Multiplikation von 3 x 3. Damit kommt zum Ausdruck, dass in diesem Zeitraum die göttliche Welt die Handlungsinitiative wieder übernehmen wird und alles vorbereitet für den Übergang in das danach beginnende Tausendjährige Reich.

Hierzu ist zunächst in Offenbarung 8,1 zu lesen:

„Und da das Lamm das siebente Siegel auftat, ward eine Stille in dem Himmel bei einer halben Stunde“.

Es stellt sich die Frage, ob es einen Anhaltspunkt in den Heiligen Schriften gibt, mit dessen Hilfe sich himmlische Zeit in irdische Zeit umrechnen ließe.

In Vers 4 des 90. David-Psalms steht geschrieben:
„Denn tausend Jahre sind vor dir wie der Tag, der gestern vergangen ist und wie eine Nachtwache."

In wörtlicher Übersetzung lautet der Text: *„Denn tausend Jahre sind vor dir wie der Tag, der gestern vergangen ist und wie eine Nachtwache, die gestern vergangen ist."*

Da eine Nachtwache nur wenige Stunden umfasst, entspräche streng genommen die Dauer von 1.000 irdischen Jahren einem himmlischen Tag und einigen wenigen himmlischen Stunden.

Naheliegender ist die Überlegung, dass 1.000 irdische Jahre einen himmlischen Tag und eine himmlische Nacht, zu der auch – eo ipso – die Tagseite gehört, ausfüllen.

Daraus resultiert, dass 1.000 irdische Jahre nicht einem, sondern zwei himmlischen Tagen gleichzusetzen sind, was bedeuten würde, dass eine halbe himmlische Stunde etwa zehn irdischen Jahren entspräche.

Erstaunlicherweise verdeutlichen diese ca. 10 irdischen Jahre, dass tatsächlich die göttliche Welt die einzige allein handelnde Macht für den Zeitablauf des dritten Wehes darstellt, denn diese ca. 10 Jahre sind gleichzusetzen mit einem halben Offenbarungsjahr, das seinerseits neun irdische Jahre ausfüllt.

Kapitel 5:

Das zweite apokalyptische Wehe
- oder der dritte und letzte Weltkrieg -

Auf Seiner Missionsreise in den nördlicihen Teil von Syrien, der durch *„die Länderteilung der Römer“* (Gr. Ev. VI, Kap. 81,9) zu der damaligen Zeit zu Galiläa gehörte, gelangte Jesus mit Seinen Begleitern auf der Euphratstraße von Samosata aus in ca. 18 Stunden nach der alten Stadt Serrhe. Dort selbst hielt sich Jesus mit Seinen Jüngern fünf Tage bei einem Verwandten des römischen Hauptmanns von Samosata auf, den Jesus als ranghohen Oberst beschreibt. Am vierten Tage Seines Aufenthaltes besuchte Jesus zusammen mit einer zahlreichen Begleitung von ca. 400 Personen den Tempel von Serrhe, von dem es heißt, daß er allein der Weisheit geweiht war und unfern der Stadt auf einem mäßig hohen Hügel stand.

„In diesem Tempel war kein Götzenbild aufgerichtet, sondern auf einem Altare lagen allerlei Bücher und uralte Schriften. Darin standen allerlei weise Denksprüche und so manche Prophezeiungen aus den ältesten Zeiten“ (Jakob Lorber, Das große Evangelium, Johannes VI, Kap. 137,5, Lorber-Verlag, 74321 Bietigheim).

Auf Bitten und Anweisung des schon genannten Oberst *„ziehen die Priester unter dem Altar ein altes Buch hervor, das in altindischer Sprache geschrieben war, nur einer von ihnen konnte es lesen und halbwegs verstehen. Ich Selbst aber zeigte ihm die Stelle an, die er lesen und dann verdolmetschen solle. Er besah sich die Stelle wohl, überlas sie und verdolmetschte sie dann also: ‚Aus den Bergen, wo die Dohlen in großen Scharen nisten, entspringt ein Strom, der da fließt mächtig breit und weit. An seinen Ufern sah ich Städte groß und klein, und er trägt auf seinem breiten Rücken der Lasten viele. Aber siehe da, eine Last sah ich schwimmen auf seinem Rücken, – da lag eine schwere Nacht in der* *ganzen, weiten Gegend vom Anfange des Stromes bis dahin, wo er in das große Weltmeer endet. Aber die Last trug einen Menschen, dessen Angesicht mehr leuchtete als die Sonne, und aus seinem Munde schossen flammende Pfeile und Schwerter. Am Ufer aber lagen viele Tote, und die von den Pfeilen aus seinem Munde getroffen wurden, die fingen an, sich zu regen, wurden lebendig, und es ward voller Tag um sie. Aber die Last trug noch mehrere Menschen, die lebten und hatten auch ein Licht in sich und leuchteten wie der Vollmond. Auch aus ihrem Munde ging ein Licht, das da gleich dem Lichte des Morgensterns, und die, welche von dem Lichte berührt wurden, obschon sie früher tot waren, wurden wieder lebendig und wandelten darauf wie am hellen Tage. Das aber bewirkte, dass bald darauf der ganze Strom zu Licht wurde. Als der ganze Strom leuchtete, da ward es fröhlich an seinen Ufern, und viele eilten hin und wuschen ihr Antlitz und sich, da leuchteten alle, die in den Strom stiegen und sich in seiner hellen Flut reinigten! Aber ich sah den Strom nachher wieder und sah kein Licht mehr, sondern es rastete abermals die schwerste Nacht über seinem Rücken, und ich sah lange also, und sieh, es wollte nimmerdar licht werden. Und ich hörte eine Stimme wie das Rauschen vieler Winde durch ein dürres Gehölz, und die Stimme sprach: ‚Wehe dir, du Nachtbringer, wenn Ich wiederkommen werde! Dich wird mein Gericht zwiefach hart treffen; denn du warst Licht und bist abermals zu Nacht geworden! Ich sage es dir also, und sage du es abermals deinen Würmern! Also will es der Erste und der Letzte, das Alpha und das Omega!'"* (Gr. Ev. VI Kap. 137, 11-14).

Nachdem der Priester mit der Übersetzung des Textes zu Ende gekommen war, fragte ihn der Oberst, ob er auch das verstehen würde, was er ganz gut vorgelesen habe. Darauf antwortete der Priester dem Oberst, wenn er das verstände, so würde er zu Delphi auf Pythias Dreifuß sitzen. Nun erst sah sich der Oberst veranlasst und sicherlich auch von Jesus dazu innerlich aufgefordert, das Vernommene mit folgenden Worten selbst zu erläutern:

„Sieh, hier steht der Mann, der aus den Himmeln zu uns Menschen gekommen ist und nun das Licht von Melitene bis hierher

nach Serrhe verbreitet! Den höret, und ihr nun Tote werdet lebend werden und im hellsten Lichte schauen euer Heil. Diese anderen Männer aber, die mit Ihm kamen, sind ebendieselben, deren Antlitz da leuchtete gleich dem Vollmonde. Ihre Worte sind ein wahrer Lebensmorgenstern, und die sie annahmen, leuchten dann in ihrem Gemüte voll Leben eben also wie ihre Worte, die unter dem Bilde des Morgensterns in eurem Weisheitsbuche angedeutet sind. Verstehet nun, um welche Zeit es nun ist" (Gr. Ev. VI, Kap. 137, 18).

Die in die Zukunft weisenden Prophezeiungen werden in der Folge weder vom Oberst noch von Jesus Selbst erläutert, sind aber von großer und weitreichender Bedeutung in bezug auf unsere augenblickliche Zeit.

Zunächst galt es, die Örtlichkeiten wieder aufzufinden, wo vor fast 2000 Jahren die zitierten Geschehnisse sich ereignet hatten. Erste Hinweise konnten aus dem Kartenbüchlein „Erdenwege des Herrn Jesus" (Bietigheim, 1930) entnommen werden. Danach befand sich die alte Stadt Serrhe am östlichen Ufer des Euphrats, ca. 120 km von Aleppo (Halab) entfernt. Durch Vorsprache am Historischen Seminar für alte Geschichte sowie an den Orientalischen und Altorientalischen Seminaren der Universität Tübingen konnte mosaiksteinartig die genaue Lage der zunächst unbekannten Ortschaft Serrhe rekonstruiert werden. So erhielt der Verfasser eine Lagebeschreibung von Serrhe aus „Paulys Realencyklopädie der klassischen Altertumswissenschaft II" (Alfred Druckenmüller Verlag, Stuttgart 1972, S. 1744), die sich auf Entfernungsdistanzen zu anderen ausgegrabenen antiken Städten bezog. Diese Orte konnten im weiteren Verlauf der Untersuchung anhand des „Tübinger Atlasses Vorderer Orient" (TAVO) am Altorientalischen Seminar gefunden werden. Schließlich konnte am Neuorientalischen Seminar mit Hilfe von arabischen Sprachkenntnissen und neuerer arabischer Karten die Identität des heutigen Dorfes Sirin mit der ehemaligen alten Stadt Serrhe zweifelsfrei ausgemacht werden. Mit Überraschung konnte außerdem festgestellt werden, daß die Lage des Dorfes Sirin exakt mit der Lage der Stadt Serrhe in dem Kartenbüchlein nach den Angaben von Jakob Lorber übereinstimmte. Zudem gab es noch eine Entfernungsangabe von Jesus durch Jakob Lorber, wonach der Weg *„von Samosata nach Serrhe wohl noch mehr als einmal soweit wie nach Zeugma ist“* (Gr. Ev. VI, Kap. 140,1).

Da Zeugma als auch Samosata ausgegraben worden sind und ihre Lage im Tübinger Atlas Vorderer Orient zweifelsfrei ermittlungsfähig war, konnte dieser Hinweis für das Auffinden der alten Stadt Serrhe auch mit herangezogen werden. Es war geradezu verwunderlich, wie alle Angaben sich gegenseitig bestätigten. Nur die Stadt Zeugma war im Kartenbüchlein gegenüber den übereinstimmenden Angaben der neueren arabischen Karten, in denen Zeugma als altertümliches Ruinenfeld verzeichnet war, als auch nach den Angaben des TAVO, um ca. 40 km zu weit stromabwärts nach Süden versetzt.

Nachdem nunmer davon ausgegangen werden konnte, dass das Dorf Sirin sich heute an der Stelle befindet, wo früher die alte Stadt Serrhe stand, sah sich der Verfasser veranlasst, sich ein Bild von den Resten der antiken Stadt Serrhe zu verschaffen. Das Vorhaben gestaltete sich in der Praxis schwieriger als zunächst vermutet, da es in Syrien außer in Damaskus und Halab keine Hotels gibt, wenn man die Touristenunterkünfte an der Mittelmeeküste außer Betracht lässt. Es gelang trotzdem, auf dem Söller eines Hauses in Sirin zwei Nächte unter freiem Himmel zuzubringen und die dortige Umgebung zu erforschen. Durch ein eingehendes Studium der Felswände mit ihren grottenähnlichen Aushöhlungsbändern konnte festgestellt werden, dass das Dorf Sirin bzw. die Stadt Serrhe früher durch einen Seitenarm Anschluss an die Wasserstraße des Euphrats gehabt haben muss. Es kann als sicher gelten, dass der Wasserspiegel des Euphrats in früherer Zeit um ca. 5 – 8 m über dem jetzigen Niveau gelegen haben muss. Jedenfalls ist dieser Seitenarm des Euphrat noch gut zu erkennen und in der Regenzeit mit etwas

Wasser gefüllt. Von der Stadt Serrhe ist außer einer in den Felsen gehauenen Behausung an dem Seitenarm des Euphrats und einem Schutthügel inmitten des Dorfes nichts mehr aufzufinden. Von großer Bedeutung war der Hinweis des Dorfältesten auf ein antikes Kastell unweit des Dorfes Sirin. Nach ca. 3 km Fußmarsch war auf einem nicht sehr hohen Hügel der noch völlig intakte griechische Tempel von Serrhe gefunden. Er glich in seinem Aussehen und seinem Ausmaß dem weltbekannten griechischen Shamine Baal Tempel von Palmyra, wenngleich die säulengetragene Tempelvorhalle fehlte. Im Gegensatz zu diesem waren die vier Säulen einer Wand nicht nur angedeutet, sondern plastisch modelliert, allerdings ohne erkennbaren Kapitellabschluss. Die Säulenbasen waren ebenso ausgebildet wie die des Shamine Baal Tempels von Palmyra. Auffallend war die kleine Eingangspforte.

Es mutet schon etwas eigenartig an, dass auch Jesus der kleine Tempeleingang des Erwähnens wert war, wenn es heißt: *„dass das Tempeltor nicht zu den größten zu zählen war“* (Gr. Ev. VI, Kap. 137, 11). Man hält unwillkürlich inne, wenn sich plötzlich etwas herausschält, was unser allmächtiger Schöpfer bereits auch schon bemerkt hat. Es war und bleibt für den Verfasser ein sehr verbindendes Gefühl, etwas Auffallendes gefunden zu haben, das Jesu Aufmerksamkeit als irdischer Mensch auch schon auf sich gezogen hatte.

Wie ist die angekündigte Wiederkunft des Herrn in der Tempelschrift von Serrhe zu verstehen?

Die am wenigsten auslegungsbedürftige Antwort auf diese Frage ergibt sich aus dem Text des altjüdischen Henochbuches. Zur allgemeinen Erläuterung sei gesagt, dass diese Schrift die einzige des gesamten altjüdischen Schrifttums ist, die im Neuen Testament, im Brief des Judas (Judas 14 – 19), Erwähnung findet. Im 90. Kapitel, Vers 14 – 15, Seite 430, Altjüdisches Schrifttum (Filser Verlag, Augsburg, 1928), herausgegeben von Paul

Rießler, heißt es: *„Ich sah, wie jener Mann kam, der die Namen der Hirten aufschrieb und sie dem Herrn der Schafe aufschrieb; er half dann dem Bock und zeigte ihm alles; er war ja herabgestiegen, ihm zu helfen. Dann sah ich, wie der Herr der Schafe zu ihnen im Zorn kam, alle, die ihn sahen, flohen und alle fielen vor seinem Antlitz in Ohnmacht."*

Aus dem Kontext geht hervor, dass der Mann, von dem hier die Rede ist, der Gesalbte selbst ist, während der Schafbock jene jüdischen Menschen verkörpert, die Jesus als ihren Messias angenommen haben. Der Text gibt auf die gestellte Frage folgende Antwort: Die Wiederkunft des Herrn wird eine zweifache sein, einerseits als der Schöpfer und gerechte Richter aller Menschen, andererseits als Helfer kommend, zu allen, die Ihn lieben und auf Ihn hoffen. Auch die Serrhe'sche Prophetie enthält, wenngleich auch etwas verschlüsselt, eine ähnliche Aussage, wenn es heißt:

„Dich wird Mein Gericht zwiefach hart treffen" (Gr. Ev. VI, 137, 14).

Die Alttestamentarische Schrift des Propheten Hesekiel weist in die gleiche Richtung. Im Zusammenhang mit dem Einfall von Gog und Magog in das Land Israel wird berichtet, wie der Herr einerseits durch Feuer die riesigen Heerscharen der Invasion vernichten wird, andererseits aber als Retter jenes Teiles des jüdischen Volkes auftritt, das Ihn von ganzem Herzen liebt und Ihn in seiner Liebe als Messias schon erkannt hat. Erläuternd heißt es hierzu:

*„Denn ich will meinen heiligen Namen kundmachen unter meinem Volk Israel und will meinen heiligen Namen nicht länger schänden lassen, son**dern die Heiden sollen erfahren, dass ich der Herr bin, der Heilige in Israel"*** (Hesekiel 39,7).

Sind in den Heiligen Schriften Hinweise zu finden, die auf das Erscheinen des Herrn im Euphratgebiet ebenfalls aufmerksam machen?

Die deutlichste Aussage enthält die Offenbarung des Herrn, die Johannes auf Patmos gegeben wurde. Die Ereignisse sind unter dem *„zweiten Wehe"* der Menschheitsentwicklung vor dem Beginn des Tausendjährigen Reiches dargestellt. Zur allgemeinen Erläuterung des Kontextes der Apokalypse sei erwähnt, dass dem Tausendjährigen Reich drei Wehe vorausgehen, oder bildhaft dargestellt: Der gesamten Menschheit bleiben drei allerschmerzhafteste und opferheischendste Geburts- und Reinigungswehe nicht erspart, bevor ein geistiges Friedensleben, vorgestellt im Bilde des Tausendjährigen Reiches, beginnen kann.

In der hier vorliegenden Ausarbeitung geht es im Wesentlichen um die Verdeutlichung des gewaltsamen Abschlusses des zweiten Wehe, das nach den Prophezeiungen seinen Beginn vom Euphratgebiet aus nehmen wird. Hierzu sei der sich darauf beziehende Text der Offenbarung, Kapitel 9, 13-19, zitiert:

„Und der sechste Engel posaunte; und ich hörte eine Stimme aus den vier Ecken des goldenen Altars vor Gott, die sprach zu dem sechsten Engel, der die Posaune hatte: Löse die vier Engel, die gebunden sind an dem großen Wasserstrom Euphrat. Und es wurden die vier Engel los, die bereit waren auf die Stunde und auf den Tag und auf den Monat und auf das Jahr, dass sie töteten den dritten Teil der Menschen. Und die Zahl des reitenden Volkes war vieltausendmal tausend; ich hörte ihre Zahl. Und so sah ich im Gesicht die Rosse und die darauf saßen, dass sie hatten feurige und blaue und schwefelgelbe Panzer, und die Häupter der Rosse waren wie die Häupter der Löwen, und aus ihren Mäulern ging Feuer und Rauch und Schwefel. Von diesen drei Plagen ward getötet der dritte Teil der Menschen, von dem Feuer und Rauch und Schwefel, der aus ihren Mäulern ging. Denn die Macht der Rosse war in ihrem Maul und in ihren Schwänzen, und ihre Schwänze waren den Schlangen gleich und hatten Häupter, und mit denselben taten sie Schaden."

Und weiter Kapitel 16, 12-16: *„Und der sechste Engel goss aus seine Schale auf den großen Wasserstrom Euphrat; und sein Wasser vertrocknete, damit bereitet würde der Weg den Königen vom Aufgang der Sonne. Und ich sah aus dem Munde des Drachen und aus dem Munde des Tieres und aus dem Munde des falschen Propheten drei unreine Geister gehen, gleich Fröschen; diese sind Teufelsgeister, die tun Zeichen und gehen aus zu den Königen der ganzen Welt, sie zu versammeln zum Streit auf jenen große Tag Gottes, des Allmächtigen ... Und er hat sie versammelt an einen Ort, der da heißt auf Hebräisch Harmagedon, d. i. Berg von Megiddo."*

Dieser Berg von Megiddo bzw. der in der Nähe gelegene Berg Tabor wird in diesem Zusammenhang auch von dem Propheten Daniel genannt, wenn Daniel im 11. Kapitel, Vers 40-45 schreibt: *„Und der König gegen Mitternacht wird gegen ihn stürmen mit Wagen, Reitern und vielen Schiffen und wird in die Länder fallen und verderben und durchziehen und wird in* ***das werte Land*** *fallen und viele werden umkommen. Diese aber werden seiner Hand entrinnen: Edom, Moab und die Vornehmsten der Kinder Ammon. Und er wird seine Hand ausstrecken nach den Ländern, und* ***Ägypten*** *wird ihm nicht entrinnen, sondern er wird herrschen über die goldenen und silbernen Schätze und über alle Kleinode* ***Ägyptens*** (gemeint ist Deutschland, s. S. 34). *Libyer und Mohren werden in seinem Zuge sein. Es wird ihn aber ein Geschrei erschrecken von Morgen und Mitternacht; und er wird mit großem Grimm ausziehen, willens, viele zu vertilgen und zu verderben. Und er wird den Palast seines Gezeltes aufschlagen zwischen zwei Meeren um den werten heiligen Berg* (gemeint sein kann nur der schon im Alten Testament als heiliger Berg bekannte und verehrte Tabor, der von Meggido durch die Jesreelebne getrennt wird – Anm. d. Verf.), *bis es ihm ein Ende werde und niemand wird ihm helfen."*

Die Entscheidungsschlacht auf der Jesreelebene wird auch sehr eindrucksvoll von dem Propheten Hesekiel dargestellt. Um dem Leser ein vollständiges Bild von den kommenden Ereignissen zu verschaffen, ist es erforderlich, den gesamten Umfang des gewaltsamen Endes des zweiten Wehes aus der Darstellung Hesekiels zu zitieren (Hesekiel 38, 1 – 23; 39,1 – 29):

„Und des Herrn Wort geschah zu mir und sprach: Du Menschenkind, wende dich gegen Gog, der im Lande Magog ist und der oberste Fürst in Mesech und Thubal und weissage von ihm und sprich: So spricht der Herr HErr: Siehe, ich will an dich, Gog, der du der oberste Fürst bist in Mesech und Thubal. Siehe, ich will dich herumlenken und will dir einen Zaum ins Maul legen und will dich herausführen mit allem deinem Heer, Ross und Mann, die alle wohl gekleidet sind; und ist ihrer ein großer Haufe, die alle Tartsche und Schild und Helm führen. Du führst mit dir Perser, Mohren und Libyer, die alle Schilde und Helm führen, dazu Gomer und all sein Heer samt dem Hause Thogarma, so gegen Mitternacht liegt, mit allem seinem Heer; ja du führst ein großes Volk mit dir. Wohlan, rüste dich wohl, du und alle deine Haufen, so bei dir sind, und sei du ihr Hauptmann! Nach langer Zeit sollst du heimgesucht werden. Zur letzten Zeit wirst du kommen in das Land, das vom Schwert wiedergebracht und aus vielen Völkern zusammengekommen ist, nämlich auf die Berge Israels, welche lange Zeit wüst gewesen sind; und nun ist es ausgeführt aus den Völkern und wohnen alle sicher. Du wirst heraufziehen und daherkommen mit großem Ungetüm; ***und wirst sein wie eine Wolke, das ganze Land zu bedecken,*** *du und all dein Heer und das große Volk mit dir. So spricht der Herr HErr: Zu der Zeit wirst du dir solches vornehmen und wirst Böses im Sinn haben und gedenken: ‚Ich will das Land ohne Mauern überfallen und über die kommen, so still und sicher wohnen, als die alle ohne Mauern dasitzen und haben weder Riegel noch Tore', auf dass du rauben und plündern mögest und deine Hand lassen gehen über die verstörten Örter, so wieder bewohnt sind, und über das Volk, so aus den Heiden zusammengerafft ist, und sich in die Nahrung und Güter geschickt hat und mitten auf der Erde wohnt. Das reiche Arabien, Dedan und die Kaufleute von Tharsis und alle Gewaltigen, die daselbst sind, werden zu dir sagen: ‚Ich meine ja, du seist recht gekommen zu rauben, und hast deine Haufen versammelt zu plündern, auf dass du wegnehmest Silber und Gold und sammelst Vieh und Güter und großen Raub*

treibest'. Darum so weissage, du Menschenkind, und sprich zu Gog: ‚So spricht der Herr HErr: ‚Ist's nicht also, dass du wirst merken, wenn mein Volk Israel sicher wohnen wird? So wirst du kommen aus deinem Ort, von den Enden gegen Mitternacht, du und großes Volk mit dir, alles zu Rosse, ein großer Haufe und ein mächtiges Heer und wirst heraufziehen ***über mein Volk Israel wie eine Wolke, das Land zu bedecken.*** *Solches wird zur letzten Zeit geschehen. Ich will dich aber darum in mein Land kommen lassen, auf dass die Heiden mich erkennen, wie ich an dir o Gog, geheiligt werde vor ihren Augen'.*

So spricht der Herr HErr: ‚Du bist's, von dem ich vor Zeiten gesagt habe durch meine Diener, die Propheten in Israel,die zur selben Zeit weissagten, dass ich dich über sie kommen lassen wollte. Und es wird geschehen zu der Zeit, wann Gog kommen wird über das Land Israel, spricht der Herr HErr, wird heraufziehen mein Zorn in meinem Grimm. Und ich rede solches in meinem Eifer und im Feuer meines Zorns. Denn zur selben Zeit wird großes Zittern sein im Land Israel, dass vor meinem Angesicht zittern sollen die Fische im Meer, die Vögel unter dem Himmel, die Tiere auf dem Felde und alles, was sich regt und bewegt auf dem Lande, und alle Menschen, so auf der Erde sind; und sollen die Berge umgekehrt werden und die Felswände und alle Mauern zu Boden fallen. Ich will aber wider ihn herbeirufen das Schwert auf allen meinen Bergen, spricht der Herr HErr, dass ein jegliches Schwert soll wider den andern sein. Und ich will ihn richten mit Pestilenz und Blut und will regnen lassen Platzregen mit Schlossen, Feuer und Schwefel über ihn und sein Heer und über das große Volk, das mit ihm ist. Also will ich denn herrlich, heilig und bekannt werden vor vielen Heiden, dass sie erfahren sollen, dass ich der Herr bin. Und du, Menschenkind, weissage wider Gog und sprich: Also spricht der Herr HErr: Siehe, ich will an dich, Gog, der du der oberste Fürst bist in Mesech und Thubal. Siehe, ich will dich herumlenken und locken und aus den Enden von Mitternacht bringen und auf die Berge Israels kommen lassen. Und will dir den Bogen aus deiner linken Hand schlagen und deine Pfeile aus deiner rechten Hand werfen. Auf den Bergen Israels sollst du niedergelegt werden, du mit all deinem Heer und mit dem Volk, das bei dir ist. Ich will dich den Vögeln, woher sie fliegen, und den Tieren auf dem Felde zu fressen geben. Du sollst auf dem Felde darniederliegen, denn ich der Herr HErr, habe es gesagt. Und ich will Feuer werfen über Magog und über die, so in den Inseln sicher wohnen; und sollen's erfahren, dass ich der Herr bin. Denn ich will meinen heiligen Namen kundmachen unter meinem Volk Israel und will meinen heiligen Namen nicht länger schänden lassen; sondern die Heiden sollen erfahren, dass ich der Herr bin, der Heilige in Israel'. Siehe, es ist gekommen und geschehen, spricht der Herr HErr; das ist der Tag, davon ich geredet habe. Und die Bürger in den Städten Israels werden herausgehen und Feuer machen und verbrennen die Waffen, Schilde, Tartschen, Bogen, Pfeile, Keulen und langen Spieße; und sie werden sieben Jahre lang Feuer damit machen, dass sie nicht müssen Holz auf dem Felde holen, noch im Walde hauen, sondern von den Waffen werden sie Feuer machen; und sie sollen sie berauben, von denen sie beraubt sind, und plündern, von denen sie geplündert sind, spricht der Herr HErr. Und soll zu der Zeit geschehen, da will ich Gog einen Ort geben zum Begräbnis in Israel, ***nämlich das Tal, da man geht am Meer gegen Morgen,*** *also dass die, so vorübergehen, sich davor scheuen werden, weil man daselbst Gog mit seiner Menge begraben habt; und soll heißen „Gogs Haufental". Es wird sie aber das Haus Israel begraben sieben Monde lang, damit das Land gereinigt werde. Ja, alles Volk im Lande wird an ihnen zu begraben haben, und sie werden Ruhm davon haben des Tages, da ich meine Herrlichkeit erzeige, spricht der Herr HErr. Und sie werden Leute aussondern, die stets im Lande umhergehen und mit ihnen die Totengräber, zu begraben die übrigen auf dem Lande, auf dass es gereinigt werde; nach sieben Monden werden sie forschen. Und die, so im Lande umhergehen und eines Meschen Gebeine sehen, werden dabei ein Mal aufrichten, bis es die Totengräber auch in Gogs Haufental begraben. So soll auch die Stadt heißen Hamona. Also werden sie das Land reinigen ... Und ich will meine Herrlichkeit unter die Heiden bringen, dass alle Heiden sehen sollen mein Urteil, das ich habe ergehen lassen, und meine Hand, die ich an sie gelegt habe, und also das Haus Israel erfahre, dass ich, der Herr, ihr Gott bin von dem Tage an und hinfürder und die Heiden erfahren, wie das Haus Israel um seiner Missetat willen sei weggeführt. Weil sie sich* *an mir versündigt hatten, darum habe ich mein Angesicht vor ihnen verborgen und habe sie übergeben in die Hände ihrer Widersacher, dass sie allzumal durchs Schwert fallen mussten. Ich habe ihnen getan, wie ihre Sünde und Übertretung verdient haben, und also mein Angesicht vor ihnen verborgen. Darum spricht der Herr HErr: Nun will ich das Gefängnis Jakobs wenden und mich des ganzen Hauses Israels erbarmen und um meinen heiligen Namen eifern. Sie aber werden ihre Schmach und alle ihre Sünde, damit sie sich an mir versündigt haben, tragen, wenn sie nun sicher in ihrem Lande wohnen, dass sie niemand schrecke und ich sie wieder aus den Völkern gebracht und aus den Landen ihrer Feinde versammelt habe und ich an ihnen geheiligt worden bin vor den Augen vieler Heiden. Also werden sie erfahren, dass ich, der Herr, ihr Gott bin, der ich sie habe lassen unter die Heiden wegführen und wiederum in ihr Land versammeln und nicht einen von ihnen dort gelassen habe. Und ich will mein Angesicht nicht mehr vor ihnen verbergen, denn ich habe meinen Geist über das Haus Israel ausgegossen, spricht der Herr HErr."*

Hinzuzusetzen wären noch aus dem 37. Kapitel die Verse 23 bis 28:

„Ich will ihnen heraushelfen aus allen Örtern, da sie gesündigt haben, und will sie reinigen; und sie sollen mein Volk sein, und ich will ihr Gott sein. Und mein Knecht David soll ihr König und ihrer aller einiger Hirte sein. Und sie sollen wandeln in meinen Rechten und meine Gebote halten und darnach tun. Und sie sollen wieder in dem Lande wohnen, das ich meinem Knecht Jakob gegeben habe, darin eure Väter gewohnt haben. Sie und ihre Kinder und Kindeskinder sollen darin wohnen ewiglich, und mein Knecht David soll ewiglich ihr Fürst sein. Und ich will mit ihnen einen Bund des Friedens machen, das soll ein ewiger Bund sein mit ihnen; und will sie erhalten und mehren, und mein Heiligtum soll unter ihnen sein ewiglich. Und ich will unter ihnen wohnen und will ihr Gott sein, und sie sollen mein Volk sein, dass auch die Heiden sollen erfahren, dass ich der Herr bin, der Israel heilig macht, wenn mein Heiligtum ewiglich unter ihnen sein wird."

Die Örtlichkeit für die bevorstehende militärische Auseinandersetzung ist im Hesekiel-Text nur angedeutet, wenn es heißt: *„das Tal, da man geht am Meer gegen Morgen."* Nimmt man sich ein kleinmaßstäbliche Reliefkarte von Israel vor, so kommt als größeres Gebiet nur die Jesreelebene in Frage. In Hesekiels Prophetie wird die zu erwartende Invasion mit einer Wolke verglichen, die das Land bedeckt.

In ähnlicher Weise werden die damit in Verbindung stehenden Ereignisse im sechsten Esra-Buch dargestellt, wenn es heißt:

„Da kommt von Osten und vom Norden bis zum Süden her eine Wolke, ihr Anblick ist gar fürchterlich von Grimm und Sturmwind angefüllt. Dann stoßen sie zusammen, und sie ergießen auf ihr Land und ihre Gegend einen ganz gewaltigen Wolkenbruch und von den Schwertern reicht das Blut bis an den Bauch der Pferde, bis an der Menschen Oberschenkel und der Kamele Hinterbug. Viel Angst und Schrecken herrscht auf Erden. Die jenen Grimm erleben, schaudern alle und Zittern fällt auf sie. Dann kommen starke Regengüsse von Süden, Norden, zum Teil auch aus dem Westen. Da werden Winde aus dem Osten übermächtig, vertreiben jene, sowie die Wolken, die vom Grimm erregten den Wettersturm, der in dem Osten zur Zerstörung sich erhob und für den Westen die Verwüstung brachte. Alsdann erheben sich gar große, starke Wolken, von Grimm und Sturm erfüllt. Sie wollen alle Welt und ihre Einwohner vernichten und vergießen über alle Hohen und Erhabenen ein fürchterliches Ungewitter aus und Feuer, Hagel, fliegende Schwerter, viele Wasser, dass alle Felder, alle Bäche sich mit den Wassern füllen. Und sie zerstören Städte, Mauern, Berge, Hügel, der Wälder Bäume, Getreide und der Wiesen Gras. So ziehen sie beständig fort bis Babylon, das sie vernichten. Sie stoßen dort zusammen, umschließen es und gießen Sturmgewitter und jeden Zorn darüber aus und bis zum Himmel steigt der Staub, die Asche, und alle trauern rings umher ... Und beim Vorüberzug beschädigen sie eine ruhige Stadt, zerstören einen Teil von deinem Land, vernichten einen Teil von deiner Herrlichkeit, sie, die zurück von dem zerstörten Babel kehren. Zerstört wirst du von ihnen, dass du dem Strohe ähnlich wirst, sie selber werden dir ein

Feuer sein, und sie verzehren dich und deine Städte, dein Land und deine Berge, all deine Wälder, die Fruchtbäume verbrennen sie durch Feuer. Und deine Kinder führen sie gefangen weg und deinen Reichtum schleppen sie als Beute fort und machen deines Angesichtes Herrlichkeit ein Ende" (Esras sechstes Buch, 15. Kap. 34-44 u. 60-63, Paul Rießler, Altjüdisches Schrifttum, Filser Verlag Augsburg, 1928, S. 320-322).

Von besonderem Interesse ist die Bildersprache des Henochbuches in bezug auf das zweite Wehe. Zur allgemeinen Erläuterung sei gesagt, dass der geschichtliche Teil des Henochbuches die Entwicklung des Gottesvolkes von Adam bis zum Tausendjährigen Reich im Auge behält und in Tierbildern signifikant darstellt.

Bevor die Bilder über das gewaltsame Ende des zweiten Wehes beginnen, erfährt das jüdische Volk, das unbeschadet seiner schuldbeladenen Geschichte dennoch zu allen Zeiten das auserwählte Volk Gottes war, ist und immer sein wird, Aufklärung über den Heiligen von Israel.

Hierzu heißt es aus dem schon oben zitierten 90. Kapitel, Vers 6-10:

„Da wurden von jenen weißen Schafen Lämmer zur Welt gebracht; diese begannen ihre Augen aufzumachen, zu sehen und nach den Schafen zu schreien. Trotzdem sie nach ihnen schrieen, hörten sie nicht, was sie ihnen erzählten, sondern waren über die Maßen taub und ihre Augen waren ganz ungewöhnlich verblendet. Da sah ich im Gesicht, wie Raben auf diese Lämmer flogen, eines dieser Lämmer packten und die Schafe zerstückelten und verschlangen. Ich sah, wie jenen Lämmern Hörner wuchsen, aber die Raben warfen ihre Hörner zu Boden. Dann sah ich, wie ein großes Horn bei einem dieser Schafe hervorwuchs, da wurden ihre Augen geöffnet. Es sah nach ihnen und schrie nach den Schafen, als es die Böcke sahen, liefen sie ihm alle zu".

Diese bildhafte Darstellung ist von größter Bedeutung, da sie der weiteren Schilderung des gewaltsamen Endes des zweiten Wehes vorangestellt ist.

Es gilt festzuhalten, dass vor Beginn des zweiten Wehes in Israel eine religiöse Aufspaltung erfolgen wird, die die Bevölkerung in zwei Lager trennen wird. Die einen, die als orthodoxe Juden an den alten Tradionen unverändert festhalten und die andern, die kleinere Gruppe, die messiasgläubigen Juden, die die baldige Wiederkunft des Herrn erwarten und bei Erschwerung und Verschlimmerung der Lebensumstände in Israel einen außergewönlichen Zulauf und eine große Verinnerlichung von einem nicht unbedeutenden Teil der jetzt noch orthodoxen jüdischen Bevölkerung erhalten. Dem Verfasser war es geschenkt worden, in Israel einen im Untergrund lebenden Vertreter einer messiasgläubigen jüdischen Gemeinde zu begegnen. Um die Entwicklung in Israel nicht von außen zu beeinflussen oder gar zu stören, soll zum gegenwärtigen Zeitpunkt (1998) über die gewonnenen Erkenntnisse an dieser Stelle noch nicht berichtet werden. Nur soviel sei gesagt, dass es glaubhaften Berichten zufolge bei der Staatsgründung kaum eine Handvoll messianischer Juden gab und vor noch nicht allzu langer Zeit sich kaum mehr als ein paar hundert Gläubige zu Jesus Christus bekannten, während zum gegenwärtigen Zeitpunkt (1998) sicherlich schon fünfzehntausend Gläubige gezählt werden können. Die genaue Zahl zu ermitteln wird sehr schwierig sein, da die meisten messiasgläubigen Juden zur Vermeidung von beruflichen und gesellschaftlichen Nachteilen sich nur im Geheimen zu Jesus bekennen. Es handelt sich um eine rein religiöse Untergrundbewegung in Israel, die starken staatlichen Repressalien ausgesetzt ist, aber dessen ungeachtet ständig einen steigenden Zulauf aus der orthodoxen jüdischen Bevölkerung erhält.

Im Anschluß an die bildhafte Einleitung des gewaltsamen Endes des zweiten Wehes in der Darstellung des Henochbuches sollen nunmehr die schlimmeren Bilder aus diesem vorgestellt werden. Der Schreiber des Henochbuches fährt anschlussgerecht an das oben Zitierte fort:

„Trotzdem zerrissen jene Adler, Geier, Raben und Weihen immerfort die Schafe, flogen auf sie los und verschlangen sie. Die Schafe blieben ruhig; nur die Böcke wehklagten und schrien. Da kämpften jene Raben, stritten mit ihm und suchten sein Horn zu beseitigen; sie konnten es aber nicht überwältigen. Dann sah ich, wie die Hirten und Adler, Geier und Weihen kamen, und sie schrien den Raben zu, sie sollten das Horn jenes Bockes zerbrechen, so kämpften und stritten sie mit ihm und er stritt mit ihnen; da schrie es um Hilfe. Ich sah, wie jener Mann kam, der die Namen der Hirten aufschrieb und sie dem Herrn der Schafe aufschrieb; er half dann dem Bock und zeigte ihm alles, er war ja herabgestiegen, ihm zu helfen.

Dann sah ich, wie der Herr der Schafe zu ihnen im Zorn kam; alle, die ihn sahen, flohen, und alle fielen vor seinem Antlitz in Ohnmacht. Alle Adler, Geier, Raben und Weihen kamen zusammen; sie brachten alle Schafe des Feldes mit; ja, sie kamen alle zusammen und halfen einander, des Bockes Horn zu brechen. Ich sah, wie jener Mann, der das Buch auf des Herrn Befehl schrieb, jenes Buch über die Vernichtung öffnete, die jene letzten zwölf Hirten angerichtet, und er legte vor dem Herrn der Schafe dar, dass sie viel mehr als ihre Vorgänger umgebracht hätten. Ich sah, wie der Herr der Schafe zu ihnen kam, seinen Zornstab in die Hand nahm und die Erde schlug, dass sie zerbarst. Da glitten die Tiere und des Himmels Vögel von jenen Schafen herab und versanken in die Erde, die sich über ihnen schloss. Ich sah, wie den Schafen ein großes Schwert übergeben ward, und die Schafe zogen gegen alle Tiere des Feldes, sie zu töten; da flohen vor ihnen alle Tiere und des Himmels Vögel" (Henochbuch, 90. Kap. 11 – 19).

In dieser Bildersprache wird im wesentlichen nur zum Ausdruck gebracht, was in der ausführlichen Schilderung auch Hesekiel über die Ereignisse des zweiten Wehes zu berichten weiß. Nach dem ständigen Hin- und Herwogen gegenseitiger Gewaltanwendung muss es zu einer Entscheidung kommen, wo feststeht, bei wem der Sieg endgültig sein wird. Es ist wichtig, festgehalten zu werden, dass nach dieser Auseinandersetzung zumindest in Israel keine kriegerischen Gewalttätigkeiten mehr auftreten werden, sondern das Gottesvolk wird dann bereits schon von dem Vater und dem Sohn – in Henochs Bildersprache dem Herrn der Schafe und dem Mann, der für den Herrn der Schafe alles aufschrieb – geleitet und geführt. Im Gegensatz dazu ist in den umliegenden Staaten das Friedensreich noch nicht erreicht. Johannes verwundert sich in seiner visionären Schau, dass selbst nach der Katastrophe des zweiten Wehes die Menschen von ihrer materialistisch-egoistischen Lebensweise sich noch nicht abwenden werden. So schreibt er: *„Und die übrigen Leute, die nicht getötet wurden von diesen Plagen* (des zweiten Wehes, d. Vf.), *taten doch nicht Buße für die Werke ihrer Hände, dass sie nicht mehr anbeteten die bösen Geister und die goldenen, silbernen, ehernen, steinernen und hölzernen Götzen, welche weder sehen noch hören noch wandeln können, und taten auch nicht Buße für ihre Morde, Zauberei, Unzucht und Dieberei"* (Offenbarung 9,20 – 21).

Manche Leser könnten jetzt die Frage stellen, wann denn mit dem gewaltsamen Ende des zweiten Wehes zu rechnen sei? Auf diese Frage soll später noch ausführlicher eingegangen werden.

Zunächst muss der Blick auf den entwicklungsgeschichtlichen Fortgang der heutigen politischen Weltkonstellationen gerichtet werden. Ohne eine Rückkehr zur kommunistischen oder auch einer anders gearteten, die Menschenwürde außer acht lassenden Diktatur in Rußland, ist ein alles vernichtender Krieg als Abschluss des zweiten Wehes unvorstellbar. Hinweise auf die künftige Wiederherstellung der alten menschenunwürdigen und gottlosen Verhältnisse liefert auch die Offenbarung, wenn es heißt:

„Und der Engel sprach zu mir: ‚Warum verwunderst du dich? Ich will dir sagen, das Geheimnis des Weibes und des Tieres, das sie trägt, und hat sieben Häupter und zehn Hörner. Das Tier, das du gesehen hast, ist gewesen und ist nicht und wird wieder emporsteigen aus dem Abgrund und wird fahren in die Verdammnis, und es werden sich verwundern, die auf Erden wohnen, deren Name nicht geschrieben steht vom Anfang der

Welt in dem Buch des Lebens, wenn sie sehen das Tier, daß es gewesen ist und nicht ist und wieder sein wird'" (Offenbarung 17,7 – 8).

Desweiteren ist die schon beschriebene und im Gang befindliche religiöse Entwicklung in Israel Voraussetzung für die dann ablaufenden Geschehnisse des zweiten Wehes. In der Apokalypse des Abraham werden diese noch vor uns liegenden Ereignisse folgendermaßen dargestellt:

„Der Mann, den du geschlagen und geschmäht erblicktest und wieder angebetet, das ist Milderung, die deinem Stammvolk von den Heiden in jenen letzten Tagen zugestanden wird in dieser zwölften Stunde des gottlosen Weltzeitalters. Doch in dem zwölften Jahre meines Endzeitalters, da stell ich diesen Mann aus deinem Stamme auf, den du aus meinem Volk entspringen sahest. Ihm folgen alle und solche werden sich vereinen, wie von mir selbst gerufen, gerade die, die sich in ihren Plänen ändern. Du sahest, dass von des Bildes linker Seite viele ausgehen; sie deuten an, dass von den Heiden viele auf ihn hoffen, und die du sahst von deinem Stamme auf der rechten Seite, die einen schlagend und beschimpfend, die anderen ihn anbetend, bedeuten: Es werden sich an ihm viel ärgern. Er aber prüft aus deinem Stamm die, die ihn angebetet, in jener zwölften Stund des Endes, um der Gottlosigkeit Zeitalter abzukürzen. Bevor der Frömmigkeit Zeitalter mit dem Wachstume beginnt, kommt über die gesetzeslosen Heiden mein Gericht durch deines Stammes Volk, das ich mir ausgesondert" (Abraham Apokalyse, 29. Kapitel, Vers 8 – 14, Altjüdisches Schrifttum, Paul Rießler, Filser Verlag, 1928).

Die letzten zitierten Zeilen greifen schon in die Ereignisse des dritten Wehes ein und wiederholen eindrucksvoll das Vorgetragene aus dem Testament des Juda, siehe Seite 43 und aus dem Buch des Wahren Lebens, Unterweisung 15, Vers 26, siehe Seite 87.

Wie schon angekündigt, soll zum Abschluss der vorliegenden Ausarbeitung mit Hilfe von alttestamentarischen, altjüdischen und Lorberschen Schriften der drängenden Frage nachgegangen werden, wann denn die gewaltsamen Geschehnisse zum Ende des zweiten Wehes in Erscheinung treten werden. Es wird ausdrücklich betont, dass in dieser vorgelegten Arbeit nur das erläutert werden soll, was zum unerlässlichen Gesamtzusammenhang und zum notwendigen Verständnis der letzten Zeitabläufe des zweiten Wehes gehört.

Zunächst müssen wir uns dem Daniel-Buch zuwenden. Darin heißt es im Kapitel 9, 24 – 27:

„Siebzig Wochen sind bestimmt über dein Volk und über deine heilige Stadt (aus dem Kontext geht hervor, dass hier die Stadt Jerusalem angesprochen wird) *so wird dem Übertreten gewehrt und die Sünde abgetan und die Missetat versöhnt und die ewige Gerechtigkeit gebracht und die Gesichte und Weissagung versiegelt und ein Hochheiliges gesalbt werden. So wisse nun und merke: von der Zeit an, da ausgeht der Befehl, dass Jerusalem soll wiederum gebaut werden, bis auf den Gesalbten, den Fürsten, sind sieben Wochen; und zweiundsechzig Wochen, so werden die Gassen und Mauern wieder gebaut werden, wiewohl in kümmerlicher Zeit. Und nach den zweiundsechzig Wochen wird der Gesalbte ausgerottet werden und nichts mehr sein. Und das Volk eines Fürsten wird kommen und die Stadt und das Heiligtum zerstören, dass es ein Ende nehmen wird wie durch eine Flut; und bis zum Ende des Streites wird's wüst bleiben. Er wird aber vielen den Bund stärken eine Woche lang. Und mitten in der Woche wird das Opfer und Speiseopfer aufhören. Und bei den Flügeln werden stehen Greul und Verwüstung, bis das Verderben, welches beschlossen ist, sich über die Verwüstung ergießen wird."*

Vor nicht allzu langer Zeit wurde in Israel offiziell das dreitausendjährige Bestehen der Stadt Jerusalem gefeiert. Geht man den historischen Ereignissen nach, so wurde in der Tat vor 3.000 Jahren die Stadt Jebus von König David blutigst erobert und von da an in Jebusalem umgenannt. Zu einem späteren Zeitpunkt wurde aus Jebusalem der heutige Name Jerusalem (2. Samuel 5,6 – 9; 1. Chron. 11,4 – 9, 14, 1 – 7).

Verfolgt man die historischen und religionsgeschichtlichen Quellen weiter, so gelangt man zu dem eigentlichen Stadtgründer Melchisedek. Hierzu heißt es in der „Haushaltung Gottes“ (HGt 3, 362, 14 – 15, Lorber-Verlag, Bietigheim):

„Also soll die Erde nun der Ort sein, auf dem Meine Füße ruhen und wandeln werden! Wann Ich zu deinen Vätern kam, da ward Ich wieder unsichtbar, aber du sollst Mich nun auf meinen Füßen über den Boden Erde wie einen Menschen von dannen ziehen sehen gegen Abend hinauf in ein Land, das da Kanaan heißen soll! Du (Noah) *wirst es erreichen in siebzehn Tagesreisen* (vom Ararat aus, d. Vf.). *Allda werde Ich Mir eine Stadt erbauen, diese sollst du und alle deine Nachkommen „Salem“ heißen. Mein Name aber als des Fürsten der Fürsten, Herr der Herren und Königs der Könige wird sein Melchisedek, ein Ältester* (Priester) *von Ewigkeit!“*

Durch diese Ausführung wird auch erhellt, wie es zu der Namensgebung „Jebusalem“ gekommen ist. Jebusalem stellt somit den neuen Namen aus der Zusammenziehung der beiden alten Namen Jebus und Salem dar.

Unmittelbar vor dem 131. Jahr nach der Sintflut wird Ham, der mittlere Sohn von Noah, der in Sidon wohnte, tributpflichtig gegenüber Melchisedek, dem Priester von Ewigkeit und damit auch der Stadt Salem, dem späteren Jerusalem (HGt 3, Kap. 364 u. 365).

Der Verfasser möchte aus diesem Grunde das Datum, und zwar das einhundertdreißigste Jahr nach der Sintflut, als das Gründungs- und Erbauungsdatum von Jerusalem annehmen. In der altjüdischen Schrift Demetrius wird die Zeit von der Sintflut bis zu Jakobs Einwanderung in Ägypten mit 1360 Jahren angegeben (Altjüdisches Schrifttum, Demetrius, 2. Kapitel, Vers 18, Paul Rießler, Filser Verlag, Augsburg, 1928).

In der Zeittafel der Lutherischen Bibel, Württembergische Bibelanstalt, Stuttgart, 1956, wird die Zeit des Auszugs aus Ägypten auf das Jahr 1250 vor Christus gelegt. Im Jubiläenbuch des Altjüdischen Schrifttums wird berichtet, dass die Nachfahren Jakobs 400 Jahre in Ägypten verweilt haben (Altjüdisches Schrifttum, Jubiläenbuch, 14. Kapitel, Vers 13).

Auch Weinreb berechnet die Dauer der jüdischen Knechtschaft in Ägypten mit 400 Jahren (Friedrich Weinreb, Der göttliche Bauplan der Welt, 5. Auflage, S. 106, Origo Verlag, Bern 1978).

Addiert man diese Zahlen (1360 + 400 + 1250 + 2000), so liegt das Ende der Sintflut 5010 Jahre zurück. In bezug auf das angenommene Gründungsdatum der heiligen Stadt Jerusalem errechnet sich bis zur Jahrtausendwende das Alter von Jerusalem mit 4880 Jahren oder bezogen auf das Jahr 2020 mit 4900 Jahren. Wendet man sich nochmals dem zuvor zitierten 9. Kapitel des Danielbuches zu, so lässt sich festhalten, dass die 4900 Jahre den 70 „Danielschen Wochen" entsprechen. Oder anders ausgedrückt: eine „Danielsche Woche" entspricht 70 Erdenjahren. Demnach entsprechen sieben „Danielsche Wochen" 490 Erdenjahre. Für die Zeit von der Erteilung des königlichen Befehls durch den Perserkönig Darius I. zum Wiederaufbau der Stadt Jerusalem bis zur Geburt von Jesus werden sieben „Danielsche Wochen" genannt (Daniel 9,25).

Tatsächlich sind es nahezu 490 Jahre, wenn man nicht unberücksichtigt lässt, dass Jesus sieben Jahre vor unserer Zeitrechnung in Bethlehem geboren wurde und der Befehl zum Wiederaufbau der heiligen Stadt erst einige wenige Jahre nach der Wiedererrichtung des zweiten Tempels erteilt wurde. Weiterhin heißt es, dass nach 69 (62 + 7) Wochen Jerusalem erneut wiederaufgebaut wird. Multipliziert man die neunundsechzig „Danielschen Wochen" mit den entsprechenden 70 Erdjahren, so kommt man zu dem Alter von Jerusalem, zu dem es letztmalig wiederaufgebaut wurde, von 4830 Jahren, das war im Jahre 1950, also ca. 1 1/2 Jahre nach der Ausrufung des jüdischen Staates am 15.5.1948. Und nach einer „Danielschen Woche", *wird das Volk eines Fürsten kommen und die Stadt und das Heiligtum verstören, dass es ein Ende nehmen wird wie durch eine Flut, und bis zum Ende des Streits wird's wüst bleiben"* (Daniel, 9,26).

Unverrückbar ist gemäß der Danielschen Schrift die Tatsache, dass nach den 70 „Danielschen Wochen", also im Jahre 2020, eine lebenswichtige Entscheidung für das gesamte Land Israel nach dem Zeitablauf des zweiten Wehes bereits schon in die Tat umgesetzt worden ist. Das neunte Kapitel des Danielbuches endet mit der Aufzählung zweier Ereignisse, die mit einem dritten Ereignis verbunden sind. So heißt es, dass der Gesalbte, also Jesus Christus, vielen den Bund eine Woche lang stärken und dass mitten in der Woche das Opfer und Speiseopfer aufhören wird und dass bei den Flügeln die Greuel und die Verwüstung stehen werden, bis das Verderben sich über die Verwüstung ergießen wird. Diese bedeutungsvollsten Prophezeiungen, die dem Israeliten Daniel vor nunmehr fast 2500 Jahren im damaligen Babylon gegeben wurden, beziehen sich zunächst nur auf das Volk dieses Propheten in der letzten der siebzig Wochen, die dem Land und der heiligen Stadt gegeben sind. ER, der Gesalbte, der Messias, Jesus Christus, wird in dieser letzten Woche, die, wie gezeigt wurde, 1950 begonnen hat und im Jahre 2020 enden wird, vielen, die an IHN glauben, den Bund stärken, darüber hinaus auch den Heidenchristen, die trotz überwältigendster Beweise des Materialismus dennoch unbeeindruckt an IHM in aller Liebe festhalten werden. Wenn geschrieben steht, daß mitten in der Woche das Opfer und das Speiseopfer aufhören wird, so soll das sagen, dass die offiziellen Kirchen und Sekten seit 1985 nicht mehr in der Lage sind, den Glauben an Jesus Christus gemäß dem Gotteswort lebendig zu vermitteln. Demzufolge werden in fast allen kirchlichen Vereinigungen, hiermit sind die Flügel gemeint (vergleiche auch die entsprechende Auslegung in bezug auf das Henochbuch auf Seite 24, Greuel und innere Verwüstung einziehen, bis das Verderben des zweiten Wehes sich über diesen greuelhaften und innerlich verwüsteten Zustand der Menschheit ergießen wird. Die zerstörerischen Kräfte einer aufkommenden islamisch-asiatischen Allianz werden schon in den kommenden Jahren die westlichen Demokratien in immer größeren Schrecken versetzen, bis es zu jener beschlossenen und vorhergesagten Auseinandersetzung kommen wird. Zum

Beginn der siebzigsten und letzten „Danielschen Woche“ charakterisierte Thomas Mann in seiner aufsehenerregenden Rede in Stuttgart und Weimar im Jahre 1955 den geistigen Zustand der westlichen Welt.

In seinem „Versuch über Schiller“ (Gesammelte Werke, Bd. IX, S. 950, Fischer-Verlag, 1974) wird ausgeführt:

„Ohne Gehör für seinen (Schillers) Aufruf zum stillen Bau besserer Begriffe, reinerer Grundsätze, edlerer Sitten, von dem zuletzt alle Verbesserung des gesellschaftlichen Zustandes abhängt, taumelt eine von Verdummung trunkene, verwahrloste Menschheit unterm Ausschreien technischer und sportlicher Sensationsrekorde ihrem schon bald nicht mehr ungewollten Untergange entgegen.“

Heute (im Jahre 2000), 45 Jahre später, würde Thomas Mann sicherlich zutiefst erschüttert sein, in welcher Weise und in welchem Maße seine damaligen Ahnungen allerschrecklichst in Erfüllung gegangen sind.

Noch liegen 20 bange irdische Jahre vor uns, bis die letzte „Danielsche Woche“ ihrem Ende entgegengeht.

Mögen die gegebenen Ausführungen dem interessierten Leser helfen, in allen auf uns zukommende Ereignissen Sinn, Zweck und Ziel der göttlichen Führung zu erkennen.

Nach Abfassung dieser Ausarbeitung zum Ende des Jahres 1999 erhielt der Verfasser etwa drei Jahre später die Kundgaben von Jesus, die Johanna Hentzschel in der Zeit zwischen 1961 und 1976 empfangen durfte, durch eine Leserin ***„...der prophetischen Schrift aus dem Tempel von Serhe...“*** zugesandt. Diese Voraussagen bestätigten im wesentlichen die Aussagen der vorliegenden Schrift. Aus diesem Grunde sah sich der Verfasser veranlasst, im Nachhinein die Kundgaben, die das zweite Wehe betreffen, in die vorliegende Ausarbeitung mit aufzunehmen. Da diese Offenbarungen sich im Raum von Baden-Württemberg und Bayern ereigneten, lag es auf der Hand, auch das hellseherische deutsche Schriftgut auf Voraussagen hin zu untersuchen und zwar, inwieweit Deutschland von den Kriegshandlungen des zweiten Wehes betroffen wird.

Die folgenden Ausführungen erheben nicht den Anspruch auf Vollständigkeit, sondern sollen nur die großen gemeinsamen Leitlinien und Parallelen in den Aussagen verschiedener Paragnosten zum Ausdruck bringen.

Es ist das große Verdienst von Wolfgang J. Bekh, Paul Friedl, Dr. Norbert Backmund u.a. die Aufzeichnungen über verschiedene Visionen in Bayern und Nordrhein-Westfalen gesammelt und in mehreren Büchern zusammengestellt und ausgewertet zu haben.

Zunächst ist allen Paragnosten vom Stormberger aus Rabenstein bei Zwiesel über den Mühlhiasl aus Apoig bei Windberg, dem Feldpostschreiber Rill von Untermühlhausen bis zum Irlmaier aus Freilassing gemeinsam, dass sich ihre Zukunftsvisionen zeitlich nicht klar erfassen lassen. Bekh schlägt daher – im Hinblick auf die Feldpostbriefe des Andreas Rill – vor, *„die Jahreszahlen wegzulassen, so bleiben die Tatbestände übrig, deren Vorausschau für das bereits Eingetroffene so exakt ist, dass einem in Erwartung des Kommenden grausen möchte"* (Bayerische Hellseher, W.J. Bekh, 6. Aufl. 1982, W. Ludwig Verlag, S. 106).

Andererseits stellen gerade die Voraussagen in bezug auf das zweite Wehe in einem weiter gefassten Zeitrahmen durchaus eine Bestätigung der oben gegebenen Prophezeiungen dar. So soll der Stormberger oder Mühlhiasl nach den Ausführungen von Paul Friedl ungefähr um das Jahr 1800 die Prophezeiung gegeben haben, dass *„die Kindeskinder des Buchingers (damals ca. 25 Jahre alt) es nicht erleben werden, aber denen ihre Kindeskinder sehen den Anfang"* (Paul Friedl, „Der Waldprophet", Rosenheimer Verlagshaus, 2002, S. 219).

So sagte schon der Stormberger voraus, dass die Roten von Osten kommen, das Bayerlandl verheeren, das Böhmerland

(Tschechien) mit dem eisernen Besen auskehren, die Berge ganz schwarz werden von Soldaten. Der Überraschungsangriff wird so plötzlich erfolgen, dass in einem Wirtshaus in Zwiesel die Leute beisammen sind und draußen werden die Soldaten über die Brücke reiten.

Noch etwas deutlicher sind die Aussagen des Feldpostbriefschreibers Andreas Rill. So schreibt er, dass Rußland den Süden Deutschlands überfällt, und zwar kommen die durchziehenden Militärverbände bis zur Isar, bis zum Inn und der Donau wird alles dem Erdboden gleichgemacht und vernichtet. Die Invasion kommt durch eine Naturkatastrophe zum Stillstand und zu einem übereilten Rückzug. Ergänzend teilte der Feldpostschreiber 1947 noch mit, dass die kriegführenden Staaten Rußland gegen die Türkei, Deutschland, Polen und Frankreich seien. England und Amerika wären mit sich selbst beschäftigt. Der dritte Krieg würde 28 oder 58 Tage dauern (Bayerische Hellseher, W.J. Bekh, W. Ludwig Verlag, S. 103 u. 109).

Durch Irlmaier werden diese Aussagen noch bekräftigt. So sieht er, dass *„durch eine Naturkatastrophe oder etwas Ähnliches die Russen plötzlich aus Bayern nach Norden ziehen. Um Köln entbrennt die letzte Schlacht"*. Außerdem sieht er hellsichtig *„einen zweiten Stoß über Sachsen westwärts gegen das Ruhrgebiet zu. Tag und Nacht rennen die Russen, unaufhaltsam, ihr Ziel ist das Ruhrgebiet"* (Bayerische Hellseher, S. 150 u. S. 159).

Beachtenswert ist die weitgehende Übereinstimmung der Aussagen von bayerischen und westfälischen Hellsehern.

So hat Bernhard Rembart, genannt „Spielbähn", geb. 1689, gestorben 1783 in Köln, die visionäre Schau *„einer fürchterlichen Schlacht um die Stadt Köln. Des Feindes Rest entflieht bis zum Birkenbäumchen"* (zwischen Unna, Werl u. Hamm, d. Vf.).

Dietrich Eilert, genannt „der alte Jasper", bestätigt die Schlacht am Birkenbaum, von der er berichtet, dass *„sich die Völker der* *halben Welt dort gegenüberstehen werden. Von den Russen werden da nur wenige nach Hause kommen, um ihre Niederlage zu verkünden".* *– Auch Peter Schlinkert, der ,Seher vom Mühnetal' beschrieb etwa um 1770 die entscheidende Schlacht des Dritten Weltkrieges am Birkenbäumchen. Am Birkenbaume werden die Armeen des Westens nach einer schrecklichen Schlacht einen blutigen Sieg über die des Ostens erringen, welche völlig vernichtet werden"* (Am Vorabend der Finsternis, W.J. Bekh, W. Ludwig Verlag 1989, S. 72, 73, 76, 77 u. 78).

Wenn man versucht, die übereinstimmenden Voraussagen über die künftigen Kriegshandlungen, ihre Zeitdauer und ihr Eintreten unter Weglassung aller weiteren Begleitumstände zu bündeln, so lassen sich folgende generelle Aussagen treffen:

1) Durch einen blitzartigen Angriff, der von Osten ausgeht, rückt innerhalb von wenigen Tagen eine Heeresmacht bis Deutschland vor und zwar in zwei Stoßrichtungen. Eine südliche durch die Böhmen (Tschechien) und ein Großteil Bayerns in schlimmster Weise verheert werden. Erst an der Isar kommt die Invasion durch eintretende Naturkatastrophen oder etwas Ähnliches zum Stillstand, bzw. wird gegen Nordwesten in Richtung auf Frankfurt a. M. abgelenkt. Dort teilt sich der Invasionsstrom in einen nördlichen, der sich in Richtung auf Köln zubewegt und einen südlichen, der im Rheintal bis zur schweizerischen Grenze vorrückt.

2) Der nördliche Invasionsstrom, der sich in Richtung auf Köln zu bewegt, erhält durch eine weitere Truppenbewegung, die sich über Polen und Sachsen nach Westen vorschiebt, wesentliche Verstärkung. Es kommt zu gewaltigen Schlachten in der Nähe von Köln und östlich von Dortmund, in denen der Aggressor vernichtend besiegt wird.

3) Die Dauer der kriegerischen Auseinandersetzungen bemisst sich nur nach Wochen, allerdings soll die Zahl der

Opfer größer sein als die der beiden vorausgegangenen Weltkriege zusammengenommen.

4) Über das Eintreten dieser kriegerischen Auseinandersetzungen liegen keine übereinstimmenden Angaben vor. Es existiert nur ein weitgedehnter Zeitrahmen, der von dem Zwieseler Paragnosten Stormberger vor ca. 200 Jahren genannt wurde, wonach im Zeitablauf der nächsten 20 Jahre - siehe oben - damit zu rechnen ist.

5) Bis auf den Hinweis des Feldpostschreibers aus dem Jahre 1947 - vergleiche vorstehende Ausführungen -, wonach der Osten auch in der Türkei einfallen wird, gibt es aus der mitteleuropäischen Präkognition keine Angaben über die kriegerischen Auseinandersetzungen im Vorderen Orient, die aber im Alten als auch im Neuen Testament ausführlich beschrieben werden.

Es ist daher von ganz besonderem Interesse, die Kundgaben, die Jesus durch Johanna Hentzschel in Deutschland aussprechen ließ, auf diesen Sachverhalt hin zu untersuchen. Verblüffenderweise beschäftigen sich die Voraussagen, die Johanna Hentzschel öffentlich kundgeben durfte, in der Hauptsache mit dem künftigen Schicksalgang des jüdischen Volkes in Israel. Daneben wird gleichsam nur am Rande auf kriegerische Auseinandersetzungen auf deutschem Boden hingewiesen, wenn es heißt:
„Ich werde kommen und es werden Mich alle sehen. Ich komme vor den Augen der ganzen Welt, ja in Gegenwart des Satans und der falschen Propheten. Und es werden Mich auch die Heere sehen, die zum Kriege rüsten wider Meine Christen wider Meine Söhne und Töchter“ (Johanna Hentzschel, Band 3, S. 150, Rudolf Hoff Verlag, Bad Münstereifel, 2005).

Es handelt sich bei der gegebenen Verheißung nicht um die Wiederkunft von Jesus am Ölberg bei Jerusalem, denn darüber wird mit folgenden Worten gesondert in Band 3 der Kundgaben von Johanna Hentzschel auf Seite 248 ausgeführt: *„Bei Meinem Erscheinen auf dem Ölberg werden Judenchristen und Heidenchristen miteinander jubeln, in dankbarer Freude darüber, daß sie den großen Tag der Erlösung vom Antichristen miterleben dürfen."*

Dass diese Ereignisse auch zeitlich voneinander getrennt sind, wird deutlich gemacht durch die Ausführungen im Band 3 auf Seite 208:

„Als Letztes wird der satanische Tyrann, der Antichrist, Mein einstiges Lieblingsvolk angreifen und zwar die Juden, die Christen geworden sind. Das wird dann das Ende sein. In Palästina wird es geschehen. Dann wissen die Meinen: Das Ende der antichristlichen Herrschaft ist da, das Ende der Satansmacht und Gewalt, des Hasses und der Bosheit, der Gemeinheit und der Lüge. Dann komme Ich, der Messias der Juden, der Herrscher und Führer der Menschheit, der Heiland und Erlöser, Jesus Christus, der Herr und Schöpfer des Alls, mit Meinen Überwindern, Meinen auserwählten Söhnen und Töchtern und mit Meinen Erzengeln und himmlischen Heerscharen. Das Chaos ist zu Ende. Mein Wille lässt eine neue geordnete Welt und Menschheit entstehen."

Somit ist erkennbar, dass dem Stillstand bzw. der Ablenkung der östlichen Invasionstruppen gegen Norden in Ostbayern ein offensichtliches Eingreifen von Jesus nicht allein nur durch Naturkatastrophen, sondern auch durch Sein persönliches Erscheinen vorausgehen wird. Aber dieses Erscheinen ist gedämpft gegenüber demjenigen auf dem Ölberg, von dem übereinstimmend zahlreiche prophetische Schriften des Alten und Neuen Testamentes sowie des altjüdischen Schrifttums schon seit Jahrtausenden berichten.

Auf Seite 246 des dritten Bandes wird zusätzlich noch vorgetragen, dass *„der Antichrist in seinem Größenwahn seinen Mitarbeiter, den falschen Propheten vernichten wird."*

Auf Seite 305 desselben Bandes wird dieser Sachverhalt noch durch folgende Ausführung verdeutlicht: „*Zuvor aber muss die äußere Kirche auf eurer Erde ihr Ende finden durch den Antichristen. Dies wird zugleich der Anfang Meiner Wiederkunft sein.*“

Möglicherweise wird damit auf das zeitliche Zusammenfallen des Erscheinens von Jesus in Bayern und der Zerstörung der katholischen Kirche in Italien hingewiesen.

Diese Prophezeiungen dürfen nicht allzu sehr verwundern, da sie auch in der Apokalypse und zwar im 17. Kapitel, Vers 12 – 18 zu finden sind. So heißt es: „*Auch die zehn Hörner, die du gesehen hast, das sind zehn Könige, die ihr Reich noch nicht empfangen haben; aber wie Könige werden sie Macht empfangen eine Stunde mit dem Tier. Diese haben einerlei Meinung und geben ihre Kraft und Macht dem Tier. Sie werden streiten wider das Lamm und das Lamm wird sie überwinden, denn es ist der Herr aller Herren und der König aller Könige, und die mit ihm sind, sind Berufene und Auserwählte und Gläubige. Und er sprach zu mir: Die Wasser, die du gesehen hast, wo die Hure sitzt, sind Völker und Scharen und Heiden und Sprachen. Und die zehn Hörner, die du gesehen hast, und das Tier, die werden die Hure hassen und werden sie einsam machen und bloß und werden ihr Fleisch essen und werden sie mit Feuer verbrennen. Denn Gott hat's ihnen gegeben in ihr Herz, zu tun seinen Ratschluss und zu tun einerlei Ratschluss und zu geben ihr Reich dem Tier, bis das vollendet werden die Worte Gottes.*“

Zum Abschluss der Entsiegelung des zweiten Wehes soll noch ein Hinweis gegeben werden, wann mit der Zerstörung der katholischen Kirche in Italien und der mutmaßlichen Besetzung von Ostbayern durch Invasionstruppen aus dem Osten zu rechnen ist.

Da diese Entsiegelung im Gegensatz zu den meisten hier vorgetragenen keine doppelte Bestätigung besitzt, ist sie nicht als sehr zuverlässig einzustufen und kann sich zeitlich durchaus etwas verschieben.

In der Offenbarung im 14. Kapitel, Vers 19 – 20, steht geschrieben: *„Und der Engel schlug an mit seinem Winzermesser an die Erde und schnitt die Trauben der Erde und warf sie in die große Kelter des Zornes Gottes. Und die Kelter ward draußen vor der Stadt getreten, und das Blut von der Kelter ging bis an die Zäume der Pferde tausendsechshundert Feldwegs weit."*

Wenn man diese 1600 Feldwege als Jahre deutet und diese Zeit zurück verfolgt, stößt man auf das Jahr 410 nach Christus. In diesem Jahr wurde Rom durch die Westgoten unter König Allarich besiegt. Es liegt nahe, dieses Datum als heilsgeschichtliches Datum zu verwenden, wie das auch Augustinus schon tat. Dagegen spricht aber, dass es erst durch den Nachfolger des herausragenden Westgoten-Königs, dem König Athaulf, gelang, ganz Italien zu erobern und zu besiedeln. Obwohl die Westgoten den christlichen Glauben nach Italien mitbrachten und die Römer gleichen Glaubens waren, gelang es unter der Herrschaft des römischen Kaisers Honorius nicht, die Westgoten in Italien aufzunehmen.

König Athaulf heiratete im Jahre 414 nach Christus die Schwester des Kaisers Honorius und glaubte dadurch die Gunst der römischen Bevölkerung zu gewinnen. Als auch diese Bemühungen erfolglos blieben, zog er mit seinem Volk nach Spanien, um sich dort anzusiedeln. Erst jetzt war Kaiser Honorius bereit, die gewünschten schriftlichen Zugeständnisse für eine Landnahme in Südgallien (Südfrankreich) zu erteilen, so dass mit Hilfe der verbrieften kaiserlichen Rechte, die Westgoten den in Südgallien angesiedelten Römern gleichgestellt wurden und ihre eroberten Gebiete in Spanien wieder zurückgaben.

Das Jahr 414 nach Christus ist deshalb von herausragender Bedeutung, da seit dieser Zeit im Namen von Jesus Christus Politik gemacht wurde, die mit der eigentlichen Nächsten- oder Bruderliebe meist nur sehr wenig zu tun hatte. Und nach 1600 Jahren sollen diese Verhältnisse für immer beendet sein.

Kapitel 6:

Das dritte und letzte apokalyptische Wehe

Wie im Kapitel 4 schon angedeutet, füllt das dritte Wehe den Zeitraum zwischen dem Ende des zweiten Wehe (2020 - 2021) und dem Beginn des Tausendjähriges Reiches im Jahre 2030 aus.

Während das erste als auch das zweite Wehe durch menschliche Handlungen bedingt und ausgelöst wurde und wird, muss in der Zeit des dritten Wehes die Menschheit all das an Auswirkungen ernten, was von ihr selbst durch die Störung der natürlichen Gleichgewichte auf der Erde angerichtet wurde.

Wir befinden uns bereits jetzt schon in einer Art Vorphase, die aber noch eine für uns unvorstellbare Steigerung durch die Folgen des bevorstehenden dritten Weltkrieges erhält. Man denke nur an die Flammenmeere und Feuersbrünste, die durch in Brand geratene Ölfelder, Treibstofflager, Raffinerien, Energievorräte sowie brennbare Materialien aller Art (z.B. Wälder, bebaute Flächen und Felder) Umengen an zusätzlichem Kohlendioxyd freisetzen werden.

Tröstlich wird einzig und allein die nicht zu bestreitende Tatsache sein, dass diese infernalen Gewalten keineswegs blind oder zufällig sich über die Menschheit ergießen, sondern durch Gottes Führung hochintelligent geleitet werden.

Es ist die Zeit gegenwärtig noch nicht soweit fortgeschritten, dass weitere Erläuterungen zu diesem Thema gegeben werden können.

Zur gegebener Zeit wird eine gesonderte Abhandlung über die Auswirkungen des dritten Wehe vorgelegt.

Wichtiger als die äußerlichen Erscheinlichkeiten sind die Folgen, die von Seiten der geistigen Welt durch das dritte Wehe bewirkt werden sollen.

Wie wir aus dem Vorstehenden entnehmen können, findet das zweite Wehe einen gewaltsamen Abschluss im Lande Israel durch das Eingreifen von Jesus Christus. Hierzu führt Johanna

Hentzschel in ihren Kundgaben aus: *„Bei Meinem Erscheinen auf dem Ölberg werden Judenchristen und Heidenchristen miteinander jubeln, in dankbarer Freude darüber, dass sie den großen Tag der Erlösung vom Antichristen miterleben dürfen."*

Dieser Jubel im Lande Israel wird von den messianischen Juden über das ganze Erdenrund verbreitet und zwar in der Zeit in der das dritte Wehe auf der ganzen Welt tobt.

Zu dieser Einsicht gelangt man durch die abschließenden Bemerkungen von Johannes über das Ende des zweiten Wehes:

„Und die übrigen Leute, die nicht getötet wurden von diesen Plagen (des zweiten Wehes)*, taten doch nicht Buße für die Werke ihrer Hände, dass sie nicht mehr anbeteten die bösen Geister und die goldenen, silbernen, ehernen, steinernen und hölzernen Götzen, welche weder sehen noch hören noch wandeln können und taten auch nicht Buße für ihre Morde, Zauberei, Unzucht und Dieberei"* (Offb. 9,20).

Dieses dritte und letzte Wehe wird von der göttlichen Führung benutzt, um mit Hilfe des jüdischen Volkes und aller noch Jesus Christus liebenden Menschen alles Erdenkliche zu tun, um alle diejenigen Menschen aus dem Inferno zu retten, die die angebotene Hilfe annehmen wollen.

Zur Verdeutlichung der bis dahin noch eintretenden Veränderungen sollen die wichtigsten diesbezüglichen Textstellen nochmals aus dem „Buch des Wahren Lebens" zitiert werden. So heißt es in Band II, Seite 20, 3. Absatz:

„Wundert euch nicht, dass es jenen (dem jüdischen Volk, Anm. d. Vf.)*, die in ihrer Entwicklung durch Jahrhunderte stehengeblieben sind, in kurzer Zeit gelingt, den Weg zurückzulegen, für den andere, die ihnen vorausgegangen sind, so lange Zeit brauchten und dass sie dieselben sogar überholen. – Vergeßt nicht, dass viele von ihnen einen Geist besitzen, der von den ersten Zeiten an zur Erde gesandt wurde, und dass, wenn einmal ihre Sühne zum Abschluss gebracht ist, sie wieder ihren Platz unter den vom Herrn Auserwählten einnehmen werden,* ***um ihren Brüdern aus allen Nationen das Licht zu bringen."***

In Band I, Vers 26, Seite 188: *„Diese Welt, die mit so viel Liebe geschaffen wurde, damit sie das zeitweilige Heim Meiner Kinder sein würde, hat sich in ein Tal der Ruhelosigkeit, der Angst und des Todes verwandelt;* ***nur die Ausübung der Liebe und der Tugend wird sie retten können.*** *Deshalb sammle Ich nun alle zerstreuten Stämme Israels, um seinen Geist zuzurüsten und es in den Kampf zu senden, bis es die Rettung und Vergeistigung des Menschengeschlechtes erreicht hat."*

In Band I, Vers 30, Seite 47:
„Israel wird die Menschheit von großen Nöten befreien. Doch wie sehr müsst ihr (jüdisches Volk) *euch zurüsten, um eure Bestimmung zu erfüllen. Die Apostel dieser Zeit* (des dritten Wehes, Anm. d. Verf.) *werden von Land zu Land gehen und die gute Botschaft hinbringen, und ihre Gaben werden wie eine unerschöpfliche Quelle sein, die ihre Wohltaten auf alle Menschen überströmen lässt. Mit jedem Wunder, das Ich ihnen gewähre, werden sie den Glauben neuer Apostel erwecken, und ihre Mission wird groß sein."*

In Band I, Vers 84, Seite 150:
„Israel, zweifle nicht an Meinem Wort. Erinnere dich, dass Ich Abraham und Jakob verheißen habe, dass ***ihr Same der Segen und der Trost für alle Völker der Erde sein wird."***

Zum Abschluss der Ausführungen über das dritte Wehe soll nicht außer Betracht gelassen werden, wie zweites und drittes Wehe miteinander verbunden sind.

Nicht in der Offenbarung, sondern in einer Schrift des Alten Testamentes, dem Buch Daniel, wird über diese Verbindung in der Form einer Prophezeiung berichtet.

Jesus Selbst weist in bezug auf die kommenden Ereignisse im Matthäus Evangelium, Kapitel 24,15 auf die Danielsche Schrift hin, so dass dies für uns Anlass genug bietet, sich mit der Danielschen Prophezeiung zu beschäftigen.

Im 5. Kapitel wurde über das zweite Wehe berichtet, dass in der

Mitte der letzten Danielschen Woche, die im Jahre 1950 begonnen hatte und im Jahre 2020 enden wird, also im Jahre 1985 *„das Opfer und Speisopfer aufhören und bei den Flügeln werden stehen Greuel und Verwüstung, bis das Verderben, welches beschlossen ist, sich über die Verwüstung ergießen wird"* (Daniel 9,27).

Es wurde auf Seite 122 ausgeführt, dass mit den Flügeln die offiziellen Kirchen und Sekten gemeint sind, die seit 1985 auf Grund der Greuel und der Verwüstungen, die in sie Einzug gehalten haben, nicht mehr in der Lage sind, den Glauben an Jesus Christus gemäß dem Gotteswort lebendig zu vermitteln. Damit wird zum Ausdruck gebracht, dass das Opfer und Speisopfer aufgehört hat und diese Institutionen nur noch solange fortbestehen werden, bis das Verderben, das durch die göttliche Schicksalsführung beschlossen ist, sich in der Gestalt des zweiten und z.T. auch dritten Wehes über diesen vor Gott greuelhaften Zustand ergießen wird.

Aus einer ganz anderen Sichtweise und unter Heranziehung gänzlich anderer historischer Tatsachen, wird nun ein Bogen zwischen der Zeit von 1985 und dem Ende des dritten Wehes und damit dem Beginn des Tausenjährigen Reiches im Jahre 2030 gespannt. Hierzu heißt es in der Danielschen Schrift, 12. Kapitel, Vers 11 – 12:

„Und von der Zeit an, wenn das tägliche Opfer abgetan und ein Greuel der Verwüstung aufgerichtet wird, sind 1290 Tage. Wohl dem, der da wartet und erreicht 1335 Tage."

Es ist naheliegend, die Danielschen Tage als Kalenderjahre zu deuten.

Verfolgt man ausgehend vom Jahre 1985 die historischen Ereignisse um 1290 Jahre zurück, so gelangt man zu den Geschehnissen des Jahres 695. Das Jahr 695 verkörpert eine äußerst wichtige und folgenschwere, kirchengeschichtliche Begebenheit. In diesem Jahr stand endgültig fest, dass Papst Sergius I. (687 – 701 n. Chr.) die Beschlüsse der zweiten trullanisch-byzantinischen Reichssynode aus dem Jahre 692 nicht unterzeichnen werde. Die trullanische Reichssynode verurteilte die Haltung von Papst Honorius I. (625 - 638 n. Chr.), der die Unfehlbarkeit in Glaubensentscheidungen für sich gefordert hatte. Durch die Nichtanerkennung des Reichssynodalbeschlusses aus dem Jahre 692 durch Papst Sergius I., wurde die Voraussetzung geschaffen, dass der Primus der katholischen Kirche künftighin in höchster Lehrautorität Glaubens- und Sittenlehren für alle Gläubigen verpflichtend erlassen konnte. Die Wurzel des millionenfachen inquisitorischen Unheils geht also auf das Jahr 695 zurück.

Sicherlich war die endgültige Entscheidung des Papstes Sergius I nicht ohne Absprache und Billigung der Repräsentanten der fränkischen Großmacht, vor allem des Hausmeiers Pippin I. (640 - 714) erfolgt. Durch engste Zusammenarbeit zwischen dem Vatikan und der fränkischen Weltmacht wurde es auch möglich, den letzten Thronfolger der Merowinger abzusetzen und in das Kloster St.Omer zu verbringen und Pippin III. (714 - 768) als rechtmäßigen König der Franken im Jahre 752 anzuerkennen.

Die Gegenleistung erfolgte prompt. Durch die großzügige Pippinsche Landschenkung im Jahre 754 entstand der eigentliche Kirchenstaat, das sogenannte Patrimonium Petri, wodurch das Papsttum eine universielle weltliche Großmachtstellung erlangte.

Daniel wies in seiner oben stehenden Prophezeiung darauf hin, dass demjenigen es wohlergehen wird, dem, über das Jahr 1985 hinausgehend, weitere 45 Jahre weiterzuleben, geschenkt werden.

Denn 45 Jahre nach dem Jahr 1985 ist die dunkle und gewalttätige Zeit endgültig vorbei und Jesus Christus wird nach langer und allerschlimmster Zeit mittels Seiner Liebeordnung Seine Kinder auf dieser Erde Selbst führen.

Literaturverzeichnis

Bekh, Wolfgang, Johannes: Am Vorabend der Finsternis.
W. Ludwig Verlag, Pfaffenhofen, 1989.

Bekh, Wolfgang, Johannes: Bayerische Hellseher.
W. Ludwig Verlag, Pfaffenhofen, 1982.

Berrett, W.: Seine Kirche wieder hergestellt.
Verlag der Kirche, Frankfurt, 1972.

Buch des Wahren Lebens, Band 1 - 6.
Otto Reichl-Verlag, St.Goar, 1979 - 1995.

Däbritz, Max: Die Entsiegelung der Offenbarung Johannes.
Eigenverlag Däbritz, Freital-Zauckerode b. Dresden, 1933.

Das Buch Mormon. Kirche Jesu Christi der Heiligen der letzten Tage.
15. deutsche Auflage, 1964.

Das Große Duden-Lexikon in acht Bänden.
Bibliographisches Institut, Mannheim, 1964.

Die Bibel oder die ganze Heilige Schrift.
Württembergische Bibelanstalt, Stuttgart, 1963.

Die Dritte Zeit. Otto Reichl-Verlag, St.Goar, 1962.

Friedl, Paul: Der Waldprophet - Das Leben des Mühlhiasl.
Rosenheimer Verlagshaus, Rosenheim, 2002.

Gorbatschow, Michail: Perestroika - Die zweite russische Revolution.
Droemer-Knaur Verlag, München, 1987.

Hentzschel, Johanna: Kundgaben.
Rudolf R. Hoff Verlag, Bad Münstereifel, 2005.

Hinckley, Gordon: Die Wahrheit wieder hergestellt.
Verlag der Kirche, Frankfurt, 1975.

Hitler, Adolf: Mein Kampf.
Eher Verlag, München, 1933.

Lorber, Jakob: Das große Evangelium Johannes (GEJ, Band 1 - 10).
Lorber Verlag, Bietigheim-Württb., 1981.

Lorber, Jakob: Die Erdenwege des Herrn Jesus.
Neu-Salem-Verlag, Bietigheim-Württb., 1930.

Lorber, Jakob: Die Haushaltung Gottes (HGT, Band 1 - 3).
Lorber Verlag, Bietigheim-Württb., 1966.

Mann, Thomas: Versuch über Schiller.
S. Fischer-Verlag, Frankfurt, 1974.

Michaels, Wilhelm: Die apokryphen Schriften zum Neuen Testament.
Carl Schünemann Verlag, Bremen, 1956.

Noesselt, Friederich: Lehrbuch der Weltgeschichte.
Josef Max-Verlag, Breslau, 1862

Pauly, August: Real-Encyklopädie der klassischen Altertumswissenschaft II.
Alfred Druckemüller Verlag, Stuttgart, 1972.

Rießler, Paul: Altjüdisches Schrifttum.
Filser Verlag, Augsburg, 1928 bzw. Herder Verlag,
Freiburg i. Brsg., 1988.

Seltmann, Max: Heimgefunden.
Lorber Verlag, Bietigheim/Württb., 2. Auflage, 2006.

Shakespeare, William: Der Kaufmann von Venedig.
Philipp Reclam jun., Stuttgart, 1964.

Weidinger, Erich: Die Apokryphen.
Paul Pattloch-Verlag, Aschaffenburg, 1985.

Weinreb, Friedrich: Der göttliche Bauplan der Welt.
Origo Verlag, Bern – Schweiz, 1978.

Werfel, Franz: Die vierzig Tage des Musa Dagh.
Fischer Taschenbuch Verlag, Frankfurt, 1990.

Wolfram, Herwig: Das Reich und die Germanen.
Siedler Verlag, Berlin, 1998.

Irrtümer der Bibelinterpretationen

Autor: Gerd Kirvel
Bohmeier Verlag • Leipzig
ISBN 978-3-89094-512-5
Preis 23, – Euro

Die Darwinsche Theorie besagt:
der Mensch stammt vom Affen ab...
Die Paläo-SETI-Forschung vertritt die Ansicht, die Menschheit wurde durch Eingriffe von außerirdischen Intelligenzen erst zu dem, was sie heute ist...
Beide Theorien haben etwas für sich und haben auch etwas gemeinsam – sie sind so nicht richtig!
Denn die Urtexte der Heiligen Schrift überliefern uns die wahre Entstehungsgeschichte. Mehr noch: In diesen Urtexten liegt – verborgen in Gleichnissen – die Entschlüsselung zu allem Gewesenen, zu allem was ist und zu allem was künftig sein wird. Was wir heutzutage als moderne Technologie bezeichnen – vor Tausenden von Jahren war eine solche schon längst bekannt... Entwickelt von einer Menschheit, die den Planeten Erde weit vor den biblischen Urzeiten bevölkerte – und die sich selbst durch ihren (nicht nur technischen) Fortschritt vernichtete!
Die Heilige Schrift belegt: Der Mensch stammt weder vom Affen ab, noch kamen „die Götter von den Sternen", um den Menschen „nach ihrem Bilde" zu schaffen. Denn das Urwesen Mensch existierte bereits, als es noch kein materielles Universum gab!
Dieses Buch hilft, die verschlüsselten Überlieferungen aus der Heiligen Schrift richtig zu lesen und zu verstehen; und wie die Worte und Aussagen darin tatsächlich gemeint sind. Überlieferungen, die – wie es in der Heiligen Schrift selbst zum Ausdruck kommt – erst in einer Zeit gelesen, interpretiert und verstanden werden können, wenn die Zeit dafür gekommen ist.
Und diese Zeit ist – HEUTE!

Die Welt ist anders als du zu wissen glaubst

Gerd Kirvel (Hrsg.)

Ancient Mail Verlag • Groß-Gerau
ISBN 3-935910-35-5
ISBN 978-3-935910-35-4
über 300 Seiten • Paperback
19,50 Euro

Elf Jahre außergewöhnliche Berichte und ebensolche Berichterstattungen im Magazin Jenseits des Irdischen. Grund genug, um (vielleicht) Vergessenes wieder ans und ins Bewusstsein zu rufen.

In „Die Welt ist anders als du zu wissen glaubst" präsentiert der J.d.I.-Herausgeber Gerd Kirvel noch einmal und in komprimierter Form Fantastisches, Unglaubliches und nicht Alltägliches aus den Federn der Autoren, die nahezu seit der „Geburtsstunde" des Fachmagazins Jenseits des Irdischen mit ihren hervorragenden Beiträgen ein Print-Forum geschaffen und erhalten haben, das seinesgleichen sucht.

Aus dem Inhalt:

- UFOs – sie werden seit Jahrtausenden gesehen
- Schwebende Menschen – es gibt sie ... auch ohne Tricks!
- Hochtechnologie – schon in prä-historischen Zeiten bekannt!
- Raumfahrt – betrieben schon unsere Vorfahren, ...
- die möglicherweise aus unserer eigenen Zukunft kamen ...
- oder waren „sie" humanoide Außerirdische...?
- u.v.a.m auf über 300 Seiten aus der Welt des (bisher) nicht Erklärlichen.
- Ein informatives Leservergnügen der fantastischen Art!
- Sonderdruck in limitierter Auflage, darum ...
- am besten gleich bestellen bei
- Ancient Mail Verlag Groß-Gerau
- Redaktion Jenseits des Irdischen

Jenseits des Irdischen

Die Taschenbuch-Magazinreihe
ISSN 1610-9295

Erscheinungsweise:
3 x jährlich
mit 200 Seiten Inhalt

- Engel
- Geister
- Tod und Wiedergeburt
- Paläo-SETI
- UFOs
- Spirituelles & Esoterik
- und vieles andere mehr ...

Einzelbezug: 12,90 Euro + Versand • Jahresabo: 30,– Euro inkl. Versand

UFOs – Wahn oder Wirklichkeit..?

Autor: Gerd Kirvel
ISBN 3-935910-34-7
18,50 Euro

In diesem Buch zeigt der Autor anhand von Fallbeispielen und Beobachtungen im deutschsprachigen (Luft)Raum auf, dass das Phänomen UFO keinesfalls nur Wunschdenken für eine Existenz solcher unbekannten Flugobjekte sein kann.
Denn neben einer Vielzahl absolut glaubhafter Zeugenaussagen, weiß der Autor zudem von einer eigenen Beobachtung zu erzählen.

Es ist schön zu wissen, dass das Leben nach dem Tod weitergeht
Autor: Costas Waitzis
ISBN 978-3-9811761-0-0 • 13,80 Euro

Das Anliegen dieses Buches ist zum einen die Gewinnung neuer Leser, die weniger der sog. Esoterik und dem Spirituellen zugetan sind; zum anderen behandelt es ein Thema, mit dem jeder einmal konfrontiert wird – Sterben und Tod.
Doch was kommt danach?

Aus tiefer Nacht – verletzte Seelen
Autor: Reiner Borner (Hrsg.)
ISBN 978-3-9811761-2-4 • 13,80 Euro

Dass das Leben nicht nur die schönsten Geschichten zu schreiben vermag, sondern bisweilen auch die grausamsten, verdeutlichen die Tatsachen-Berichte dieser Anthologie, in der von schicksalhaften Ereignissen Betroffene aus ihrem eigenen Leben erzählen.

Gedicht-Meditationen als Reise zur Quelle
Autorin: Nadysana
ISBN 978-3-9811761-1-7 • 19,90 Euro

Im Buch mit herrlichen Fotos aus der Natur untermalt, mit einfühlsamen Worten und zarter Stimme auf der dazugehörigen CD begleitet und geleitet die Autorin den Leser mittels Gedichtpassagen in eine ruhige, entspannte Stimmung; Körper, Geist und Seele finden zur Ruhe und erfahren Erholung.